Conheça nossos clubes

Conheça nosso site

- @editoraquadrante
- @editoraquadrante
- @quadranteeditora
- Quadrante

Título original
Gratia Plena

Copyright © 2014 Quadrante Editora

Capa
Gabriela Haeitmann

Dados Internacionais de Catalogação na Publicação (CIP)

Galot, Jean
Gratia Plena / Jean Galot – 2ª ed. – São Paulo: Quadrante Editora, 2024.

ISBN: 978-85-7465-642-7

1. Maria, Virgem, Santa - Devoções 2. Maria, Virgem, Santa - Vida e virtudes I.
Título

CDD–232.91

Índices para catálogo sistemático:
1. Virgem Maria : Literatura devocional 232.91

Todos os direitos reservados a
QUADRANTE EDITORA
Rua Bernardo da Veiga, 47 - Tel.: 3873-2270
CEP 01252-020 - São Paulo - SP
www.quadrante.com.br / atendimento@quadrante.com.br

Jean Galot

GRATIA PLENA

2ª edição

Tradução
Emérico da Gama

Sumário

Introdução	7
I. "Alegra-te"	9
II. "Cheia de graça"	13
III. "O Senhor está contigo"	17
IV. Virgem	21
V. Desposada	25
VI. Mãe do Salvador	29
VII. "Bem-aventurada aquela que acreditou!"	35
VIII. "Eis a serva do Senhor"	41
IX. "Faça-se em mim segundo a tua palavra!"	47
X. A primeira viagem com Cristo	53
XI. O encontro	59
XII. Serva do próximo	63
XIII. *Magnificat*	69
XIV. Tudo deixar por Jesus	75
XV. Uma luz na noite	79

XVI. Oblação materna	85
XVII. Intimidade da fé	91
XVIII. Intimidade da esperança	95
XIX. À procura de Jesus	101
XX. A oração de Caná	107
XXI. Medianeira	111
XXII. A preparação para o Calvário	115
XXIII. Corredentora	119
XXIV. "Mulher, eis aí o teu filho!"	125
XXV. "Eis aí tua mãe!"	129
XXVI. Encontro com Cristo triunfante	135
XXVII. Mãe da comunidade cristã	139
XXVIII. Cooperadora do Espírito Santo	143
XXIX. Mãe dos Apóstolos	147
XXX. Na glória da Assunção	151
XXXI. Rainha do Universo	155

INTRODUÇÃO

Ao expormos nestas páginas os trinta e um temas de meditação em torno de Maria, que se adaptam à celebração do mês de Maio, tradicionalmente dedicado à Mãe de Deus, foi nosso propósito prender-nos, tanto quanto possível, às narrativas do Evangelho[1]. O nosso esforço consistiu em tirar, dos dados tão preciosos da Escritura, o autêntico retrato da alma de Maria. Os textos sagrados que tratam da Mãe de Deus são sóbrios e breves, mas oferecem-nos matérias riquíssimas de reflexão, se quisermos perscrutar o seu profundo significado[2]. Tomamo-los, pois, como guias de sólida piedade mariana.

---

1   No entanto, certas meditações, principalmente as que tratam da missão de Maria depois de Pentecostes, não puderam apoiar-se diretamente nos textos da Escritura.

2   Abstemo-nos aqui de qualquer discussão exegética, que foi objeto do nosso livro *Marie dans l'Évangile*.

I. "ALEGRA-TE"

Quando o Arcanjo Gabriel saudou Maria em Nazaré, a primeira palavra que lhe dirigiu foi uma palavra de alegria: "Alegra-te!"[1] Antes mesmo de lhe comunicar a sua mensagem, pede-lhe da parte de Deus que entregue a sua alma à alegria.

Aprendemos assim, por esse convite do Arcanjo, que Deus quer acima de tudo a nossa alegria. É sua intenção tornar-nos felizes, sem jamais temermos a vontade de Deus, como se fosse uma ameaça às satisfações legítimas que Ele nos proporciona nesta vida. O Senhor não tem desejo mais instante do que ver os seus filhos desabrocharem na alegria plena. Foi o que pôde encontrar em Maria.

É certo que a mensagem que vai ouvir nesse momento da Anunciação há de trazer-lhe um grande número de provações e conduzi-la até o pé da cruz. Mas Deus conceder-lhe-á muito mais alegria do que sofrimento. E em troca de sofrimentos passageiros, assegurar-lhe-á uma alegria definitiva. Conforme o querer divino, a alegria é destinada a perdurar e a dor a ser efêmera.

---

1 Os judeus saudavam-se com a palavra *shalom* — "paz!" — e provavelmente foi assim que o Anjo saudou Maria. São Lucas, ao redigir o seu Evangelho em grego, transpôs a saudação hebraica para a que se usava entre os gregos: *kaire* — *alegra-te!* — Os latinos cumprimentavam-se com a palavra *ave*, e este foi o termo adotado pela Vulgata, conservado também na fórmula da Ave-Maria, em latim e português. [N. T.]

A alegria que Deus quer conceder a Maria já tinha sido preparada por Ele há muito tempo. Pelos profetas, Yavé pedira muitas vezes ao povo judeu que se alegrasse por causa da salvação que havia de vir. "Exulta de alegria, filha de Sião! Profere gritos de júbilo, filha de Jerusalém. Eis que vem a ti o teu rei..." (Zc 9, 9). Essa palavra profética realiza-se agora: em nome de todo o povo, Maria exulta na sua humilde casa de Nazaré, porque Aquele que é o seu rei vem a Ela para ser seu filho. Essa alegria que agora a vai inundar é-lhe dada por Deus tanto mais copiosamente quanto mais longamente esteve retida nEle.

Tudo o que houve outrora de alegria no povo judeu, à vista da promessa do Messias, atinge em Maria o seu ponto culminante. Desde o começo da história do mundo e a aparição do primeiro homem, jamais fora dada tão grande alegria a uma criatura. Todo o Antigo Testamento existiu para lhe obter a suprema alegria. E se Deus não lhe pede que se entregue a gritos de alegria, quer no entanto que a sua alegria seja a mais viva, a mais intensa que um ser humano pode experimentar na terra.

O mundo atual não está menos faminto de alegria do que o mundo que cercava Maria em Nazaré. O homem sente-se criado para a felicidade, mas frequentemente vive sob a impressão de uma realidade maravilhosa que, embora o atraia, lhe escapa constantemente e lhe parece uma impossibilidade. Mas desde que o Anjo disse a Maria: "Alegra-te!", Ela conserva o segredo em seu poder, porque nEla o sonho se tornou realidade.

I. "ALEGRA-TE"

Que fez Maria para ter a alma repleta de felicidade? Simplesmente abriu-se ao amor divino. Não tentou tomar a felicidade à força, não se atirou a toda a espécie de prazer e não procurou a alegria superficial daqueles que a fazem consistir em atordoar-se.

O prazer dá apenas uma ilusão momentânea de felicidade; os que correm atrás dele acabam invariavelmente por decepcionar-se, de um modo ou de outro. Querem apoderar-se dele onde não se encontra e por isso veem que lhes foge; ou, quando o experimentam, parece-lhes que é pouco e querem mais.

Daí que muitas vidas aparentemente felizes estejam monopolizadas pelas inquietações e nelas percam a serenidade. Pouca coisa basta para as desassossegar. E os dias tornam-se pesados pelo cansaço, quando não pelo tédio: sempre há nelas um matiz de tristeza.

Maria esperou a felicidade só do Altíssimo, e por isso recebeu-a dEle em plenitude. Ensinou-nos que a felicidade plena provém unicamente de uma relação de intimidade com Deus. A cada uma das almas que lhe estão unidas, Deus não se cansa de repetir: "Alegra-te!" Quanto mais perto de Deus, tanto mais perto da fonte da alegria.

Se Deus concedeu a Maria o dom pessoal da alegria, foi também como uma imensa fonte destinada a estender esse dom, por meio dEla, a toda a humanidade, como um rio que arraste todas as existências humanas. Eis por que, no sentir dos cristãos, o nome de Maria é sinônimo de uma felicidade escondida, mas veemente: Maria será sempre o sinal da autêntica alegria e a Medianeira que no-la comunica.

Se Deus não a tivesse concebido, e se Ela não existisse como patrimônio da nossa fé, como tudo seria sombrio! Não teria havido ninguém para receber a alegria do Messias, ninguém que se regozijasse em nome de todos nós. Felizmente, Maria existe! Podemos contemplá-la e ver no seu rosto a alegria trazida pelo Arcanjo Gabriel.

Seja-nos, pois, impossível olhá-la sem sermos iluminados pela sua felicidade. Peçamos-lhe, a Ela que fez a primeira provisão de alegria cristã, que renove a de todos os que se colocam na sua presença! Peçamos Àquela que entregou a sua alma à felicidade, entregando-a a Deus, que, na nossa doação a Deus, a nossa alegria seja completa. Rezemos-lhe:

"Virgem radiante de alegria, fazei-nos crer na felicidade que Deus, no seu amor, quer oferecer-nos.

"Fazei reflorescer a alegria nos corações tomados pela tristeza.

"Ensinai-nos o desapego dos prazeres terrenos e a procura da nossa felicidade em Deus.

"Ajudai-nos a levar ao nosso próximo o testemunho da alegria cristã.

"Pela vossa presença em nossa vida, sede para nós a fonte de uma alegria sempre nova!"

II. "CHEIA DE GRAÇA"

Em vez de chamá-la pelo nome próprio, o anjo Gabriel deu-lhe outro: o nome que possuía aos olhos de Deus. Chama-lhe "cheia de graça". Maria é a única pessoa no mundo que a graça divina tornou perfeita.

Desde o primeiro instante da sua existência, foi isenta de pecado. No momento em que criava a sua alma, Deus preservou-a de toda a mancha: fê-la imaculada, e imaculada a conservou durante toda a vida.

Num mundo em que o espetáculo do pecado é tão acabrunhante e onde se manifesta toda a gama de misérias morais, o Criador quis fazer surgir uma alma inteiramente pura. Queria alguém a quem pudesse olhar sem se cansar, uma beleza humana que pudesse contemplar sem se decepcionar. Queria uma alma que lhe pertencesse totalmente e só lhe oferecesse alegria e amor. Dentro de um universo onde as trevas tentam extinguir a luz, Deus colocou uma luz sem sombras.

Por isso, a imaculada conceição de Maria, antes de se tornar uma alegria para toda a Igreja, foi primeiro uma alegria do céu inteiro e do próprio Deus. Desde aquele momento, o céu refletiu-se perfeitamente na terra. Com uma alegria sempre nova, o Criador pôde considerar Maria como a obra-prima inexcedível do seu poder e do seu amor.

GRATIA PLENA

Houve belas figuras de mulheres no Antigo Testamento. Sara, mulher de Abraão, que se tornara mãe por especial intervenção de Deus, foi destinada a ter uma descendência tão numerosa como as areias do mar. A irmã de Moisés, Maria, cantara um hino de ação de graças, um primeiro *Magnificat*, pela libertação do povo judeu. Judite, cheia de confiança em Deus e de coragem, decapitara o rei inimigo da sua nação e derrotara o exército dos invasores. Ester usara do seu poder de rainha para salvar os compatriotas, não temendo expor a sua própria vida para lhes obter a salvação. Susana perseverara heroicamente na castidade e preferira morrer a ofender o Senhor. Todas essas figuras prenunciavam Maria, mas eram ainda imperfeitas. Nenhuma delas fora isenta de pecado; por mais luminosas que fossem, tinham as suas sombras e fraquezas.

Em Maria, ao contrário, uniram-se todas as perfeições daquelas mulheres, e nenhuma imperfeição a atingiu. Nela vemos realizada em plenitude a figura da libertadora e vencedora do inimigo do gênero humano; da mãe de uma inumerável descendência; da rainha empenhada em usar do seu poder pela salvação dos homens; da virgem de irrepreensível castidade. O seu *Magnificat* foi a mais vibrante expressão de reconhecimento que já se elevou até Deus. Mas além de tudo isso, Maria é a cheia de graça, a Imaculada.

É um privilégio que lhe foi reservado exclusivamente a Ela. Nós, cristãos, antes de recebermos a graça divina, trazemos a mancha do pecado original, e conservamos os seus vestígios na secreta tendência

II. "CHEIA DE GRAÇA"

que nos arrasta para o mal e nos torna fracos na tentação. Mas se o privilégio de Maria é único, foi-lhe concedido para nossa alegria. Se Deus se regozija ao contemplar a Virgem Imaculada, nós também nos alegramos ao vê-la tão pura. Faz-nos felizes erguer o nosso olhar por cima das misérias próprias e do mundo e contemplar a alma sem mancha de Maria.

Temos fome de ideal, e por isso é uma felicidade termos Maria diante dos olhos, como ideal vivo. A graça corre o perigo de ser algo abstrato para a nossa inteligência, mas a sua realidade concreta nos é revelada em Maria. Por Ela, a graça divina torna-se visível, e começamos a entrever a sua beleza. Maria mostra-nos o que é a santidade, em todo o seu esplendor e encanto. E o que nos alegra ainda mais é encontrarmos tão grande perfeição na mulher que nos foi dada por Mãe.

O filho gosta de pensar que a sua mãe é a melhor de todas; atribui-lhe espontaneamente todas as qualidades e virtudes, e ela é aos seus olhos o que há de mais belo no mundo. E como todos os homens se tornaram filhos da Virgem Maria, deleitam-se em reconhecê-la como a mais perfeita de todas as mulheres. Nunca poderiam imaginá-la mais bela do que é. Contemplando-a, não se decepcionam: sempre ficam aquém da imagem ideal que podemos fazer dEla. A sua plenitude de graça coloca-a acima da nossa capacidade de julgar.

Mas já que é nossa Mãe, a sua perfeição única pertence-nos. Maria não está longe de nós, pois todas as riquezas da mãe se comunicam aos filhos. Não podemos assemelhar-nos perfeitamente a Ela, mas, como seus filhos, sentimo-nos impelidos a parecer-nos mais com Ela, espelhando melhor os seus traços. Dizemos-lhe:

"Vós, que sois a mais digna das mães, tornai-nos menos indignos de ser vossos filhos.

"Fazendo-nos conhecer o encanto da graça divina, mostrai-nos também a deformidade do mal.

"Comunicai-nos principalmente o cuidado com que vos conservastes imaculada e não permitais em nós um só pensamento, um só afeto, um só ato que possa ofender a Deus.

"Vós, que fostes feita santíssima para nós, cheia de graça para os vossos filhos, ajudai-nos a cumular a nossa alma o mais possível com a graça de Deus!"

III. "O SENHOR ESTÁ CONTIGO"

Depois de ter reconhecido a perfeição imaculada que habita em Maria, o anjo Gabriel declara que o Senhor a acompanha, que nunca deixou nem deixará de acompanhá-la: estabeleceu com Ela uma aliança definitiva.

O Senhor esteve com Maria desde que foi concebida. Com que solicitude velou por Ela! Não a deixou sozinha um só instante, e organizou secretamente a sua existência nos mínimos detalhes, sem que Ela mesma o soubesse. Nada aconteceu na sua vida que não tivesse sido cuidadosamente calculado pela sabedoria divina. O que poderia parecer um acontecimento súbito e imprevisto fora preparado na sombra pela Providência; o que se poderia considerar fruto de um simples acaso eram outras tantas atenções especiais, se bem que veladas, do amor divino.

Envolveu-a na sua bondade paterna, teceu a sua existência com as suas graças. Dirigiu todos os passos da sua vida, inspirou-lhe os pensamentos e os afetos, suscitou nEla todas as suas decisões. Esteve sempre ao seu lado, no seu caminho, para guiá-la e protegê-la. Não era Ela o tesouro mais precioso que o Senhor possuía na terra? E não colocara nEla a esperança de salvação da humanidade?

Foi, pois, o Senhor que, com a sua mão amorosa, a conduziu na manhã da Anunciação. Ao olhá-la, o Arcanjo Gabriel não a viu sozinha, como parecia

GRATIA PLENA

estar: viu Deus inseparavelmente unido a Ela. Ela própria, embora cresse na presença divina, não podia imaginar até que ponto o Senhor estava associado à sua existência. O anjo extasia-se diante dessa proximidade invisível de Deus. Deus tão grande ao lado de uma criatura aparentemente tão pequena!

As palavras "O Senhor está contigo" exprimem admiração, mas também dão à jovem virgem um apoio para o que se vai seguir. O anjo quer fazê-la compreender que nada tem a temer. Vai anunciar-lhe que foi escolhida para ser a mãe do Messias, para tomar parte ativa num empreendimento tão grandioso como é a encarnação do Filho de Deus. Não era de prever que, diante de um destino tão grande, Maria recuasse e se perguntasse se seria capaz de receber tal encargo, de desempenhá-lo dignamente? Na sua humildade, poderia julgar-se muito fraca e por demais pequena para aceitá-lo. Ser mãe do Messias era a máxima honra que podia ser conferida a uma judia; mas, ao mesmo tempo, era uma imensa aventura, um salto no desconhecido.

Para que não recuasse, o anjo avisa-a de que nunca lhe faltará a assistência necessária para o cumprimento desse encargo: o Senhor, que está com Ela, sustentá-la-á. Não estará só nessa aventura. Bastar-lhe-á seguir o Senhor, deixar-se guiar por Ele. Todos os obstáculos, todas as dificuldades se aplainarão sob as pegadas do Senhor.

Outrora, Deus dissera a Moisés, que se julgava incapaz de executar a missão de libertar os filhos de Israel do domínio egípcio: "Eu estarei contigo..." E no momento em que resolve empreender a libertação da

III. "O SENHOR ESTÁ CONTIGO"

humanidade do jugo do pecado, vai pedir a colaboração de Maria, mas, em primeiro lugar, garante-lhe que estará com Ela, mais ainda do que com Moisés. Essa promessa divina exortá-la-á a considerar o misterioso futuro com confiança.

Efetivamente, essa palavra que o anjo lhe dirigiu nesse momento único da sua vida foi-lhe de grande conforto daí em diante. Depois da Anunciação, deve tê-la evocado frequentemente. Cada vez que lhe surgia uma dificuldade, a voz do anjo ressoaria de novo na sua memória: "O Senhor está contigo".

Nós também temos necessidade de ouvir essa palavra. Não recebemos uma missão tão grande como a de Maria, mas Deus pede-nos grandes coisas. Uma vida seriamente cristã, com o testemunho apostólico que exige, ultrapassa as forças humanas. Não é verdade que recuaríamos diante das exigências do cristianismo, se não houvesse uma voz que nos dissesse de cada vez: "O Senhor está contigo"?

Essa voz é a de Maria. Ela gosta de nos repetir o que lhe disse o anjo. Conhecedora de todo o valor das promessas divinas, assegura-nos que são válidas também para nós. Assim como foi fortificada na sua existência terrena pela garantia da presença de Deus, Maria quer fortalecer a nossa coragem, lembrando-nos essa garantia: declara-nos que o Senhor está, sempre esteve e estará ao lado de cada um de nós.

Esquecemo-nos com muita facilidade dessa companhia de Deus. Temos a impressão de que estamos abandonados à nossa solidão, e de que nos cabe enfrentar sozinhos as nossas pequenas ou grandes dificuldades. Ora, quando nos julgamos sós, sentimo-nos fracos e incapazes. Surgem o cansaço e o desencorajamento, precisamente porque perdemos de vista que o Senhor está conosco e está empenhado em amparar-nos.

Oxalá nunca afrouxemos nesse sentido da presença de Deus ao nosso lado, com todo o seu poder, com a sua assistência invisível em todos os instantes. Aprofundemos na certeza de que a nossa solidão é apenas aparente. Somos sempre dois — Deus e eu —, pois o Senhor não nos deixa. Ainda que todos os nossos conhecidos nos abandonassem, o Senhor jamais deixaria de estar ao nosso lado, e tanto mais perto de nós quanto mais nos sentimos isolados e desprotegidos.

Quando temos uma missão apostólica a cumprir, e nos julgamos incapazes dela, a palavra do Arcanjo Gabriel devolve-nos a confiança e a vibração. Certos de que o Senhor está conosco, entregar-nos-emos à tarefa apostólica, daremos ousadamente o nosso testemunho. E o faremos com a segurança de que o Senhor dará eficácia à nossa ação. Ele está conosco para suprir as nossas deficiências; está conosco para tornar fecundos os nossos esforços. Do mesmo modo que Maria, nada teremos a temer.

Dá-nos, Maria, o gozo de nos repetir ao ouvido, sem interrupção, essa palavra admirável que o anjo te dirigiu. O Senhor esteve contigo segundo a sua promessa; e, desde então, está conosco, inseparável da nossa vida humana.

Mãe nossa, ensina-nos a crer mais e melhor na presença divina ao nosso lado e a viver sempre na sua intimidade!

IV. VIRGEM

O Evangelho da Anunciação não fala das virtudes de Maria; diz-nos somente que Ela era virgem.

Quando o anjo lhe faz a proposta de tornar-se a mãe do Salvador, Maria pergunta-lhe: "Como se fará isso, pois não conheço varão?" (Lc 1, 34). Não é que se recuse a tornar-se mãe, mas deseja saber como é que essa maternidade se realizará, já que é virgem.

Por essa pergunta, vê-se que escolhera o caminho da virgindade. Mais ainda: que não o fizera por iniciativa própria, mas porque compreendera no segredo do seu coração que era Deus que a tinha chamado a esse caminho.

Com efeito, essa opção contrastava com a das outras jovens de Nazaré e da Galileia, que aspiravam a ser mães, entre outros motivos porque podiam alimentar a esperança de ter o Messias na sua descendência. Ao seu redor, ninguém pensava na virgindade voluntária. Na Galileia, não existiam comunidades de virgens, e entre o povo judeu não se fazia a apologia da virgindade, muito pelo contrário. A resolução insólita de Maria correspondia, pois, a um apelo do Altíssimo: se não fosse assim, se Ela não tivesse visto no seu propósito um querer muito concreto de Deus a seu respeito, como poderia dizer ao anjo que não conhecia varão?[1]

---

1 Parecia-lhe que Deus, ao revelar-lhe pelo anjo a sua vontade de que fosse mãe, entrava em contradição consigo mesmo: antes pedira-lhe a virgindade e agora pedia-lhe a maternidade.

Algumas passagens do Antigo Testamento haviam-na ajudado a perceber o apelo divino a um amor virginal. Conhecia a promessa feita por Deus a Israel, expressa pelo profeta Oseias: "Desposar-te-ei para sempre, desposar-te-ei conforme a justiça e o direito, com benevolência e ternura. Desposar-te-ei com fidelidade, e tu conhecerás o Senhor" (Os 2, 21-22). Deus desejava estabelecer com o povo judeu uma união semelhante à do esposo com a esposa.

Esse desejo divino era tanto mais vivo quanto o povo judeu fora outrora semelhante a uma esposa infiel. Quantas vezes não tivera Yavé de censurar Israel pelas suas infidelidades e traições! Cometendo os mais graves pecados, o povo judeu violara o seu pacto de amor com Deus e comportara-se como esposa adúltera. Decepcionado, Deus anelava por uma alma que se lhe entregasse em total e exclusiva fidelidade. E esse anelo tocara Maria no mais íntimo. Conhecedora dos lamentáveis desregramentos dos tempos anteriores, Ela quis reparar o passado e oferecer ao Senhor um coração de esposa totalmente fiel.

Foi nesse seu amor orientado exclusivamente para o próprio Deus que consistiu a sua virgindade. Havia nele algo de muito grande. Deus ultrapassava-a infinitamente, e, no entanto, aquela jovem virgem pedia-lhe que se apoderasse do seu coração e a fizesse viver com Ele na intimidade de esposa. Nunca fez promessa ou voto de virgindade em boa e devida forma, pela leitura de uma fórmula. Sem palavra alguma, entregou-se ao Senhor de corpo e alma. Durante toda a sua juventude, a sua alegria consistiu em guardar-se intacta só para Ele.

IV. VIRGEM

E por essa doação veio a receber infinitamente mais do que deu, porque eis que Deus lhe recompensou a virgindade de uma maneira absolutamente inesperada: escolheu-a para ser a Mãe do Salvador e, em seguida, mãe dos homens, num coroamento magnífico da sua dedicação exclusiva a Deus.

Gostaríamos de compreender melhor a lição que a virgindade de Maria nos dá. Mostra-nos em primeiro lugar a beleza das vidas que se dedicam inteiramente ao Senhor, na castidade perfeita — como é a vida dos sacerdotes, religiosos e religiosas. Mas é também luz que ilumina todos os que recebemos a graça de ser cristãos, porque nos lembra que devemos amar o Senhor de todo o coração e com todas as forças, sem antepor os nossos afetos e ocupações a esse amor, antes fazendo dele a raiz, o motivo e o alimento de todos os nossos trabalhos e amores legítimos: purificando-os e elevando-os. E porque nos ensina a encontrar a nossa alegria em viver na intimidade divina e em possuí-la mais plenamente no amor, por uma vida pura e sacrificada.

Virgem tão pura e fervorosa, ajuda-nos a crescer no amor divino. Encoraja-nos a amar até o fim, a dar generosamente a Deus tudo o que nos pede. Se às vezes o amor a Deus nos parece tão austero, tão exigente, faze-nos compreender, Mãe nossa, que desse modo o Senhor cumula também os nossos desejos mais profundos. A tua virgindade criou em ti um mundo interior, uma vida muito rica de união com Deus, como jamais criatura alguma experimentou.

Virgem Santa, que quiseste com toda a tua alma permanecer sempre virgem, dá-nos uma vontade forte de oferecer a Deus o fervor da nossa dedicação, seja no celibato ou na vida matrimonial, persuadidos de que em qualquer estado de vida Ele nos chama a corresponder ao seu amor infinito com o nosso amor, pobre e pequeno, mas sempre amor!

A exemplo do teu dom total, anima-nos a crescer sempre numa entrega virginal!

V. DESPOSADA

Ao dizer que Maria era virgem, o Evangelho acrescenta que estava desposada com um homem chamado José. Por que desposada, se tinha optado pela virgindade?

Vemos aqui como a Providência a guiava, conforme os seus planos: queria não só que Maria fosse a mãe virginal do Salvador, mas também que Jesus menino tivesse um pai aos olhos dos homens. Queria que o menino fosse educado não somente pela mãe, mas num lar.

E ainda podemos discernir um outro propósito da Providência. Depois de estabelecer Maria como modelo das virgens, queria que Ela fosse também modelo das mulheres casadas. Devia representar na sua vida o ideal da virgindade e o ideal da vida conjugal. A Providência reuniu nEla todas as qualidades e todas as vocações da mulher.

Certamente, o seu matrimônio foi excepcional, já que se conciliou com a virgindade, e isso poderia levar-nos a pensar que, como virgem, Maria não deveria servir de modelo para as pessoas casadas. Deus, porém, dispôs de outro modo: justamente porque era virgem, colocou-a diante de todas as cristãs como a noiva perfeita e a perfeita esposa. O ideal que se realizou nEla é-lhes inacessível, mas mostra-lhes que no noivado e no matrimônio há uma pureza que deve permanecer intacta. Maria, a

Virgem-Mãe, é para sempre o símbolo da pureza no vínculo conjugal. Graças a Ela, essa exigência de pureza alcançou o seu nível mais elevado.

O relacionamento entre Maria e José foi o de duas almas que procuravam a Deus e, acima de tudo, a vontade divina. Quando conheceu Maria, José sentiu desde o primeiro momento essa sintonia fundamental. Pressentiu nEla uma alma voltada para o ideal, totalmente unida a Deus. Foi isso que o aproximou dEla. Sentindo-a tão perto de Deus, desejou percorrer com Ela o caminho da vida. Cada vez que a visitava, ele também se aproximava mais do Senhor e se tornava melhor e mais puro. Não podia estar com Ela sem receber algo da sua admirável santidade, sem experimentar o influxo da nobreza da sua alma. O período que os levou ao desposório foi pleno de uma delicadeza simples e profunda.

Eis por que confiamos a Maria e José a pureza dos noivados cristãos. Que eles ajudem os noivos a manter um relacionamento baseado num profundo respeito mútuo. Que estimulem neles comportamentos nobres, e os façam cortar com quaisquer liberdades que possam manchar a afeição de um pelo outro. Que lhes mostrem a necessidade de adquirir uma sólida vida interior, de viver desde já em graça e em amizade com Deus, como única garantia para uma união por toda a vida: numa palavra, que o noivado eleve as suas almas e lhes permita preparar um matrimônio merecedor das bênçãos divinas!

Queremos igualmente confiar a Maria e José não somente os noivados, mas também os matrimônios cristãos, pois o lar que formaram foi um lar modelo.

V. DESPOSADA

Nele, Deus reinava como soberano, e em consequência o amor mútuo reinava com uma felicidade muito íntima. Não havia lugar algum para o egoísmo, mas uma só uma atitude: dar-se, devotar-se, procurar não a alegria própria, mas a do outro. Por isso não houve queixas, nem cenas desagradáveis, nem discussões ou situações tensas. A harmonia nunca foi quebrada, mas, ao contrário, reafirmou-se sempre mais, ao contrário do que já acontecia em redor de Maria e hoje acontece em escala crescente.

Mãe nossa, vem em socorro da fraqueza humana; educa os esposos cristãos, ensina-os a amar-se sincera e fielmente, e a fazer todos os sacrifícios necessários para salvaguardar a sua união.

Lembra-lhes que o seu primeiro dever é colocar Deus no seu lar, se quiserem que ali reinem o amor e a felicidade. É em Deus que verdadeiramente se consuma a união dos esposos; os que se afastam dEle e negligenciam a prática religiosa põem em grave perigo a sua felicidade conjugal. Mostra-lhes, Mãe, que quanto mais o Senhor for o soberano num lar, tanto mais existirão ali paz e alegria.

Pedimos-te, Maria, que auxilies os esposos cristãos a dominar-se e a vencer-se para observar as leis do matrimônio. Que lhes sustentes a castidade, que lhes preserves a fidelidade, protegendo-os contra as tentações, fazendo-os manter os seus compromissos, sem ceder à ilusão de procurar a felicidade fora do lar. Que lhes dês a coragem de aceitar de ânimo alegre os filhos com que Deus deseja enriquecer-lhes a família. Que o matrimônio não seja para eles busca do prazer, mas do amor e do dom de si.

E quando as provações vierem sacudir a união dos lares, recorda-lhes que Tu conheceste momentos penosos já desde o momento em que estavas prometida a José. Este, que não fora informado da mensagem da Anunciação e ignorava que o menino que trazias no teu seio vinha do Espírito Santo, pensou em romper o noivado. Como não podias revelar o segredo confiado por Deus, sofreste em silêncio: foi uma provação tanto de José como tua. O teu desposório foi, pois, marcado por uma crise dolorosa; mas essa crise acabou por te unir ainda mais a José, e o Senhor, que permitira esse sofrimento, fê-la terminar na alegria, pelo aviso sobrenaturalmente dado a José de te aceitar como esposa.

Mais tarde, suportaste com José todas as provações da vida: com ele recebeste de Simeão o primeiro anúncio do sacrifício do Calvário; com ele, procuraste Jesus, cheia de angústia, quando o menino tinha doze anos. O Evangelho nada diz dos outros sofrimentos do teu lar, mas certamente foram numerosos.

Ó Virgem noiva, ó Virgem esposa, torna mais puro, mais nobre, mais corajoso, o amor dos noivados e dos matrimônios cristãos!

VI. MÃE DO SALVADOR

Com que emoção Maria escutou a mensagem do Arcanjo Gabriel! Depois de lhe assegurar que nada tinha a temer, pronunciou maravilhosas palavras que lhe ficaram gravadas na memória e no coração: "Eis que conceberás e darás à luz um filho, e lhe porás o nome de Jesus. Ele será grande e chamar-se-á Filho do Altíssimo e o Senhor Deus dar-lhe-á o trono de seu pai Davi; e reinará eternamente na casa de Jacó; e o seu reino não terá fim" (Lc 1, 31-33).

Maria compreendeu imediatamente o sentido dessas palavras: o anjo anunciava-lhe que o Messias, há tanto tempo prometido a Israel, ia, enfim, aparecer neste mundo e nasceria dEla. Ter por filho o Messias era o sonho que as mulheres de Israel ousavam apenas idealizar, de tal modo era grandiosa essa graça! E eis que lhe era concedida. Seria bendita para sempre entre as mulheres do mundo, porque seria a Mãe do Salvador.

O anjo chegou mesmo a descrever o sublime destino do menino, a eterna realeza que iria instaurar; mostrou-lhe assim a incomparável grandeza da maternidade que lhe era oferecida. Aquela jovem desconhecida da aldeia de Nazaré, até então insignificante, recebia do Senhor a mais elevada dignidade. O anjo dava-lhe a entender a imensa bondade divina para com Ela, que se revelava no grandioso poder prometido ao seu filho.

E mais ainda, aquele que ia nascer dEla não era somente o Messias e Salvador: era o próprio Deus. Ao tornar-se sua mãe, Ela seria o que poderia parecer impossível — Mãe de Deus. Deus escolhera nEla a mulher a quem chamaria mãe!

Quando pensamos neste acontecimento surpreendente, só podemos admirar a humildade do Filho de Deus, que, sendo onipotente, quis tornar-se filho de Maria. Ele, que poderia ter vindo a este mundo na esplêndida luz da sua divindade, ofuscando os olhos dos homens, preferiu esconder-se na obscuridade do seio de Maria e nascer como os filhos dos homens. Desceu assim inteiramente ao nosso nível, para levar uma existência humana semelhante à nossa.

Ao admirarmos essa humildade, admiramos também a honra que dela resultou para Maria, assim como para toda a humanidade. O Filho de Deus tornou-a tanto maior quanto menor se fez nEla. Por intermédio da Virgem Maria, assumiu a nossa carne humana e resgatou a nossa raça. Por Ela, Jesus descende das gerações anteriores e é verdadeiramente um de nós. Maria teve a missão de o acolher aqui na terra, de oferecer-lhe a sua primeira morada. Recebendo-o do Espírito Santo, no momento da miraculosa conceição, deu-lhe um lugar junto do seu coração e ofereceu-lhe a intimidade do seu amor. Carregou-o durante nove meses, sabendo que possuía o maior tesouro do universo e encerrava nEla a salvação da humanidade.

Tornou-se assim um templo vivo de Deus. A presença divina encontrava-se no Templo de Jerusalém, e os que ali vinham prestar culto faziam-no cheios de

VI. MÃE DO SALVADOR

temor e respeito. Essa presença divina era o centro da religião judaica. Eis, porém, que a presença de Deus se tornou mais real em Maria do que naquele Templo construído com pedras. Se as pedras haviam sido santificadas por tão grande presença, mais profundamente ainda foi santificado todo o ser de Maria. Daí em diante, Maria era mais sagrada e mais digna de veneração do que o Templo. O seu Criador tornara-se dEla.

Por outro lado, tinha plena consciência de que o Filho de Deus lhe era dado para ser concedido à humanidade e a cada um de nós. Recebeu Deus em nosso nome. E ao dar Jesus à luz, teve a inefável alegria de compreender que assim começava a dá-lo ao nosso universo. Sabia perfeitamente que esse filho lhe era concedido para a salvação e felicidade de todos os homens e considerou o seu encargo materno como um serviço a prestar a toda a humanidade.

Recebeu, pois, a missão de preparar Jesus para a sua obra redentora. Todas as mães, depois de terem dado à luz um filho, têm por tarefa educá-lo; é o aspecto mais nobre da maternidade. E foi na educação do seu filho que consistiu a mais generosa dedicação de Maria. Se Ela já era imensamente grande por ter concebido Cristo, tornou-se ainda maior ao passar a contribuir para a formação do seu caráter e do seu coração.

Foi, aliás, em vista dessa educação do Salvador que o Senhor a criou tão perfeita. Jesus deveria ter na sua mãe um modelo que pudesse imitar sem qualquer restrição. Deveria poder partilhar de todos os sentimentos dEla, e, por conseguinte, esses sentimentos deveriam ser irrepreensíveis. Em Maria, o Senhor deveria encontrar uma alma completamente enamorada de Deus e cheia de caridade para com o próximo: desse modo, seria criado e educado na atmosfera de amor que mais tarde espalharia por toda a face da terra.

Foi imensa a responsabilidade de Maria, porque lhe coube favorecer em Jesus o desabrochar dos sentimentos que caracterizariam a sua vida pública. Quando Cristo se disser manso e humilde de coração, trará a marca da doçura e da humildade da sua Mãe; quando se declarar servo de todos, refletirá a semelhança com Aquela que procedera como serva; quando se definir como o bom Pastor, manifestará para com os seus discípulos a delicadeza e a ternura que encontrara no exemplo de Maria. Nos gestos do Salvador poderíamos discernir a influência dos próprios gestos da Virgem. Por isso, na admirável figura do Messias que os Evangelhos nos revelam, nem se saberá dizer como é grande a parte que coube à sua Mãe. Jesus estava tão fortemente impregnado das virtudes de Maria, que, por assim dizer, passou para os homens o que aprendera da sua Mãe.

Isto leva-nos a meditar na grandeza do encargo da educação que incumbe à mãe e ao pai em todas as famílias, bem como aos educadores e educadoras na escola. Pensar em Maria é compreender também a importância dessa responsabilidade: não esqueçamos que o Salvador foi e será para todos os homens tal como Maria o educou. Tal como serão amanhã as crianças de hoje, se pais e mães, os filhos mais

VI. MÃE DO SALVADOR

velhos e os educadores as souberem formar humana e espiritualmente.

Mãe do Salvador, nós te agradecemos por teres concebido Jesus e o teres educado nas virtudes. Queremos pedir-te que pais e educadores nunca se desleixem em formar bem as suas crianças, que sintam a enorme responsabilidade de esmerar-se nessa tarefa, a fim de assemelhá-las o mais possível ao teu Filho!

VII. "BEM-AVENTURADA AQUELA QUE ACREDITOU!"

No momento em que Maria aceitou a mensagem do Arcanjo, foi tão intensa a sua fé que Deus quis enaltecê-la. Falando pela boca de Isabel, o Espírito Santo declarou: "Bem-aventurada aquela que acreditou que se há de cumprir tudo o que lhe foi dito da parte do Senhor!" (Lc 1, 45).

A grande felicidade de Maria foi crer que se cumpriria a proposta do anjo. Agora, quando lemos o Evangelho, pode parecer-nos à primeira vista que o seu "faça-se" nada lhe custou, pois não é precisa grande virtude para crer numa mensagem tão lisonjeira. Poderia a Virgem ser tentada a recuar ou a duvidar, se o anjo só lhe trazia alegria e honra?

Mas, também pelo Evangelho, sabemos que a sua fé foi particularmente meritória. São Lucas contara-nos antes o anúncio feito a Zacarias, no Templo de Jerusalém. No momento em que oferecia o incenso, perto do lugar onde se venerava a presença divina, Zacarias percebera um anjo à direita do altar. O anjo comunicara-lhe uma mensagem que lhe anunciava uma grande felicidade: a sua oração fora atendida e ele teria um filho, que seria o Precursor do Messias. Ora, embora essas palavras pudessem alegrá-lo e atender aos seus mais ardentes desejos, Zacarias recusou-se a acreditar: julgava tal promessa demasiado bela para ser verdadeira; era uma maravilha por demais surpreendente para ser autêntica. Respondeu ao anjo que duvidava da veracidade da mensagem e pediu-lhe como garantia um sinal visível. Esse sinal foi-lhe concedido, mas, em castigo da sua incredulidade, subitamente ficou mudo.

O que se passou com Zacarias faz-nos compreender melhor o mérito da fé de Maria. Não recebeu as garantias que haviam acompanhado o anúncio feito ao sacerdote: não foi no Templo de Jerusalém, nem durante uma cerimônia de culto, que o anjo se aproximou dEla. Tudo se passou na sua pobre casa de Nazaré e Ela poderia perguntar se não era estranho que essa casa fosse apropriada a uma visita do céu. Poderia achar, com maior razão que Zacarias, que a mensagem era por demais bela para ser verdadeira. Nunca sonhara com tão grande maravilha. Jamais lhe ocorrera que Deus pudesse escolher para mãe do Messias uma jovem sem título algum como Ela. E a imensa surpresa que as palavras do anjo lhe causaram justificava que tivesse ao menos um assomo de desconfiança.

Nem por um instante, porém, lhe aflorou a menor dúvida. Acreditou totalmente no projeto divino. Tinha consciência de ser indigna de receber um privilégio humanamente tão inaudito e de não o merecer. Mas conhecia igualmente o poder e a bondade do Senhor, que se exercem de modo soberano e gratuito. Sabia que Deus pode remediar a fraqueza e pequenez do homem, e até se compraz em manifestar os seus prodígios nos pequenos e nos fracos. Acreditou, pois, que Deus era bastante grande e bastante bom para tê-la escolhido. Estava convencida de que o amor divino

VII. "BEM-AVENTURADA AQUELA QUE ACREDITOU!"

sempre ultrapassa o que podemos imaginar. Foi essa fé que agradou particularmente ao Senhor.

Para uma pessoa boa e desejosa de manifestar a sua generosidade, é penoso encontrar a dúvida e o ceticismo ante as manifestações da sua bondade. Ora, Deus oferece a todos os homens um destino muito belo; faz-lhes as mais generosas propostas, todas com um único fim: elevar a vida humana a um nível superior, cumular com as suas graças cada ser humano e fazê-lo entrar em maravilhosa intimidade com Ele. E em demonstração dessa vontade de nos fazer felizes em plenitude, vai ao ponto de entregar o seu Filho à morte pela salvação da humanidade.

Com muita frequência, porém, esse propósito divino, que levou ao insondável mistério da encarnação e da paixão da Segunda Pessoa da Santíssima Trindade, chocou-se e continua a chocar-se com a frieza, a indiferença e o ceticismo do coração humano. São muitos os que têm a impressão de que Deus está demasiado longe deles, de que não se interessa por eles e não lhes tem amor algum: criou-os e depois desinteressou-se. Dificilmente creem num amor tão grandioso e tão poderoso e vasto que abarque a vida inteira de cada homem.

Embora persuadidos da bondade divina que se revelou na obra redentora e no sacrifício oferecido por Jesus para nossa felicidade, não conseguem acreditar plenamente que Deus os ama *individualmente*, um por um. Talvez seja por temerem que lhes imponha limitações e proibições, esquecendo que Ele não corta as asas a nenhum dos seus filhos, antes as fortalece para que voem mais alto e mais longe.

Assim, a vida humana pode tornar-se sombria por falta de fé e confiança na bondade divina. Daí surgem a tristeza, a desiludida lassidão, o desânimo, o desespero: perante as dificuldades da vida, há os que pensam em certos momentos que não podem vencê-las. Sentem-se desamparados e perdem facilmente a coragem e a alegria. Não compreendem a solicitude afetuosa do Pai do céu que os guia em todos os caminhos e os assiste em todos os perigos. Sobretudo, não se dão conta da beleza da existência tal qual Deus a oferece a cada homem; passam pelas maravilhas da graça sem percebê-las.

Ao contrário, aqueles que creem no amor divino são capazes de ultrapassar todas as situações penosas da vida de cada dia; têm a certeza de que, através das dificuldades, essa vida é a melhor e a mais bela, porque é obra de uma bondade infinita. Creem num destino humano sabiamente dirigido por uma Providência paterna. Podem não ver sempre o lado beneficioso de certas crises, mas estão convencidas de que esse lado existe, já que a bondade divina nunca falha. A fé no amor de Deus sustenta-lhes o ardor e o entusiasmo.

O Senhor alegrou-se de encontrar em Maria alguém que não duvidou do seu amor. O que falta aos homens é o que lhe proporcionou o seu grande mérito: crer no amor. Por essa fé, a Virgem entregou-se ao querer de um Deus que a amava e que era todo-poderoso para conciliar nEla a virgindade e a maternidade.

Maria, Mãe de Deus e Mãe nossa, nós te pedimos que nos comuniques um pouco da tua fé tão firme

VII. "BEM-AVENTURADA AQUELA QUE ACREDITOU!"

e corajosa, que sigamos as tuas pegadas e não as de Zacarias.

Nós não cremos bastante. Comunica-nos, Maria, o fervor de uma fé que corresponda à grandeza do amor divino. Afasta de nós a dúvida e a desconfiança. Faze-nos crer na beleza da vida humana tal qual no-la oferece a liberalidade régia do Senhor!

VIII. "EIS A SERVA DO SENHOR"

Na sua mensagem, o anjo Gabriel revelara a Maria a grandeza do destino que o Senhor lhe oferecia. Compreendera que lhe era prometida a mais alta dignidade: seria a mãe do Messias aguardado pelo povo de Israel há tantos séculos. No entanto, a sua resposta à mensagem é toda penetrada de humildade: "Eis a serva do Senhor".

No deslumbramento dessa revelação, poderia ter sentido uma ponta de amor-próprio. Mas, longe de levantar a cabeça com orgulho, inclina-a diante do anjo. No momento em que este lhe diz que terá por filho o Filho de Deus, simplesmente declara que não é mais que uma serva.

Serva do Senhor, já o fora até esse instante. Não conhecemos nenhum detalhe da sua infância nem da sua juventude, mas seria incongruente pensar que, no momento da Anunciação, não se mostrasse tal como sempre fora. Não improvisa a sua resposta. Essa resposta estava, há muito, inscrita no seu coração.

Sabia que a rebelião contra a vontade do Criador fora o pecado cometido por Adão e Eva, e que todos os males da humanidade decorriam daí. Por se terem recusado a conformar-se com a ordem estabelecida por Deus, os nossos primeiros pais conheceram a queda e arrastaram na sua degradação toda a sua descendência. Se existem neste mundo tantos pecados, tantas misérias morais, é porque, no início,

GRATIA PLENA

uma vontade humana não quis dobrar-se aos mandamentos do Criador. Ao contemplar essas deploráveis consequências de um gesto de revolta, Maria — que, por ter sido preservada por privilégio divino de qualquer mancha desde a sua conceição, tinha uma particular sensibilidade para a monstruosidade que é o pecado — punha todo o seu ardor em submeter o âmago da sua alma aos desejos divinos.

Por outro lado, por essa submissão, queria também reparar o pecado de orgulho cometido por Eva. No começo da história da humanidade, uma mulher ousara pretender situar-se no mesmo nível de Deus e cedera à sugestão da serpente: "Sereis como Deus" — como se pudesse ser dona de si mesma, da ciência do bem e do mal. No centro da história da humanidade, porém, uma outra mulher quer, ao contrário, abaixar-se o mais possível diante do Senhor: é Maria. Colocando-se no extremo oposto ao da ambição de Eva, quer ficar na humildade da sua condição e, quando o anjo lhe diz que será a Mãe de Deus, a sua aceitação é de quem se sabe e jamais deixará de saber-se a serva de Deus. Assim Maria é a nova Eva, aquela que repara o pecado da primeira Eva.

O maior segredo da vida humana consiste em aceitar de bom grado essa dependência. Nisso consiste a atitude religiosa fundamental: em reconhecer a onipotência de Deus e em aceitar ser dirigido unicamente por Ele. Maria abriu-nos o caminho para a dependência de quem se sabe pequenino diante do Senhor do céu e da terra.

Mas nessa palavra "serva", que lhe era cara, a Virgem não exprimiu somente a sua total dependência para

VIII. "EIS A SERVA DO SENHOR"

com o Senhor onipotente. Compreendeu que Deus não se limita a pedir que a alma lhe seja submissa; reivindica uma submissão *em espírito de amor*.

Não é uma maravilha pensar que a submissão que Deus pedia a Maria havia de exprimir-se — em acréscimo e reforço — em toda a ternura humana de um desvelo maternal? Em Maria, conjugam-se como que naturalmente a obediência e o amor, a obediência no amor e o amor na obediência, por força da graça e da natureza harmonicamente fundidas.

Vemos nisto um aspecto fundamental da relação com Deus. É fácil que nós, os homens, caiamos numa visão dos antigos escravos diante do seu senhor romano, que tinha sobre eles poder de vida e morte. Deus não é isso. Se nos manda, se nos corrige, se nos ensina, não é como senhor, mas servo. Será? Mas foi Ele mesmo que o disse: "Eu não vim para ser servido, mas para servir" (cf. Mc 10, 45). É como se o dono da casa deixasse de presidir à mesa e nos aparecesse vindo da cozinha, de avental posto, para nos servir a refeição. O serviço sem amor é servilismo, o amor sem serviço é egoísmo.

Maria pôs no serviço a Deus o esmero da serva e a afeição da mãe. Era tanto mais serva quanto mais se sabia amada por Deus e mais ardia em desejos de corresponder a esse amor: com um amor que nEla se centrava no amor ao filho das suas entranhas.

Era, pois, feliz em cumprir tudo o que o Senhor lhe pedia. Já não era simplesmente a serva, mas a filha que se dedicava a Deus por amor Àquele que quisera fazer-se seu filho. No momento da Anunciação, manifesta a sua disposição de perseverar nessa atitude.

A sublimidade da tarefa materna que lhe era confiada traduzia-se, não num *ato* isolado de obediência, mas num *estado* de submissão por amor. Daí em diante, a sua tarefa de serviço ganharia uma amplitude e uma solicitude incomparavelmente agigantadas pelo amor filial e maternal.

Bem sabes, Virgem Maria, que a tendência que levou Adão e Eva a rebelar-se contra o Senhor e a transgredir a sua lei não morreu em nós. Sabes que a ambição humana procura sempre uma independência absoluta, que rivaliza com a independência de Deus. Sabes que, por força do pecado original de soberba, o homem prefere dominar a servir. Mãe, não nos deixes seguir essa inclinação da nossa natureza, que pretende alimentar e inchar o nosso orgulho.

Ajuda-nos, Senhora, a tomar consciência da nossa pequenez diante do Criador, a saber que recebemos tudo dEle, e que sem Ele não existiríamos ou deixaríamos de existir. Ensina-nos a aceitar a cada instante da sua mão o nosso próprio eu, a acolher dEle tudo o que somos, e temos, e nos acontece.

E já que puseste tanto amor nessa palavra "serva", impele-nos a amar sempre mais o Senhor, servindo-o com um ardor crescente que só se explica por um amor igualmente crescente. Se seguirmos o teu exemplo, a nossa submissão a Deus não será uma rendição feita de má vontade nem constrangida, mas confiante e afetuosa. Faze-nos descobrir por nós mesmos essa felicidade que só o amor experimenta ao servir.

Durante a sua vida pública, Cristo não parou de pedir aos seus discípulos que se considerassem servos e, mesmo, servos inúteis. Quando fizermos

VIII. "EIS A SERVA DO SENHOR"

tudo pelo Senhor, devemos lembrar-nos de que até a coragem de servir nos foi dada por Ele.

À tua semelhança, Maria, possamos ter a alegria de tornar-nos o mais possível pequeninos diante de Deus, servindo-o com o amor de uma criança que obedece ao menor sinal da mãe ou do pai, porque se sabe amada por eles e quer retribuir-lhes o amor com amor, obedecendo e servindo.

IX. "FAÇA-SE EM MIM SEGUNDO A TUA PALAVRA!"

Depois de se ter declarado serva do Senhor, Maria acrescenta um assentimento completo à palavra do anjo. Manifesta a vontade de que tudo se realize nEla segundo essa palavra.

Era o que Deus aguardava. Do assentimento da Virgem fizera Ele depender todo o seu plano de salvação. Não queria torná-la mãe do Salvador contra a vontade dEla e deixava-lhe inteira liberdade de responder à sua proposta com um sim ou com um não.

Todos os projetos divinos ficaram, pois, pendentes da sua aquiescência. Se tivesse dito "não", não teria havido a encarnação do Filho de Deus, o mundo não conheceria Cristo, e não teríamos recebido a maravilhosa vida da graça que nos veio pela redenção. Não existiriam a luz, a caridade e a alegria do Evangelho. O mundo seria tão sombrio e triste! Por aqui vemos toda a importância e a imensa responsabilidade da resposta de Maria.

O "sim" de Maria na Anunciação mudou, pois, a face do mundo: deu-nos Cristo e está na origem da Igreja. Jamais momento algum da história foi tão decisivo. Uma frágil jovem, ignorada por quase todos os homens, teve na mão a sorte da humanidade.

Isso mostra até que ponto Deus confiou na Virgem.

No momento em que disse "sim", Maria não conhecia todas as consequências que o seu assentimento

GRATIA PLENA

lhe traria; a sucessão dos acontecimentos era-lhe ainda misteriosa. Desconhecia os sacrifícios que a sua adesão ao plano divino lhe exigiria ao longo da sua existência. Seria uma existência de eventos cada vez mais dolorosos.

Depois de ter tido a felicidade de gozar habitualmente da companhia de Jesus durante longos anos em Nazaré, teve de aceitar a separação. Quando Cristo a deixou sozinha para dedicar-se ao seu ministério apostólico, disse de novo o seu "sim" inicial. Quando nas bodas de Caná expôs ao seu Filho que ia faltar vinho e implicitamente lhe pediu que interviesse, obteve uma negativa dura, que só o seu carinho maternal soube interpretar como aquiescência a adiantar a hora da sua revelação. Quando começou a chegar-lhe o eco das intrigas, distorções e calúnias que se armavam em torno das palavras e atos de Jesus, Maria sofreu. Quando tudo se encaminhava para a condenação à morte dAquele que vinha trazer a vida aos homens, renovou o seu "sim", agora dolorido. E, no Calvário, foi ainda o "sim" que dirigiu ao Pai do céu, o "sim" pelo qual aceitava a espada de dor anunciada por Simeão. Permaneceria fiel, custasse o que custasse, à palavra de aceitação que pronunciara numa disposição que englobava tudo o que viesse a acontecer, de grato ou de doloroso.

Esse "sim" que proferiu em resposta à mensagem do Arcanjo Gabriel e que manteve em todas as circunstâncias é o "sim" que nós também devemos dirigir a Deus. Nada agrada tanto ao Senhor como essa palavra monossilábica. Por menor que seja, é

IX. "FAÇA-SE EM MIM SEGUNDO A TUA PALAVRA!"

a expressão mais completa da nossa doação e do nosso amor.

Maria, Mãe nossa, ensina-nos a dizer "sim" em resposta a tudo o que Deus nos possa impor ou permitir. Seja o nosso "sim" pronunciado sem hesitação, uma vez que conheçamos a vontade divina! Seja pronunciado de boa vontade, na alegria de que assim exprimimos o nosso mais íntimo anelo: o de agradar Àquele a quem veneramos c amamos, em quem confiamos absolutamente porque sabemos que Ele só quer o nosso bem definitivo, seja por que caminho for e por mais que o desconheçamos!

Faze-nos compreender, Mãe nossa, a importância do nosso "sim". É certo que o nosso não tem o papel capital que cabia à tua resposta no momento da Anunciação. Mas Deus dá-lhe grande valor. Do nosso sim Ele faz depender a realização de certos projetos que concebeu para o bem dos outros e de nós mesmos. Ele quis ter necessidade da nossa cooperação como a de Maria. Sem o nosso "sim", não poderia dar-nos, nem ao nosso próximo, tudo o que deseja.

Quando formos tentados a dizer "não" ou a adiar o nosso "sim", não deixes, Mãe, de pôr sob os nossos olhos tudo o que nos teria faltado se, na Anunciação, tivesses recusado o divino oferecimento: teria sido um desastre. Tomaremos, pois, a resolução de jamais nos opormos ao plano divino, a qualquer manifestação da vontade do Senhor.

É sobretudo no sofrimento que temos necessidade de coragem para dizer e manter o nosso "sim". É nessas circunstâncias que a vontade divina nos pode parecer cruel, e mesmo injusta. Quando estamos acabrunhados, é fácil acharmos que a provação é pesada demais para os nossos ombros, e somos tentados a pedir explicações a Deus. Por que nos fere mais que a outros? Desejaríamos ser poupados de uma dor que julgamos não ter merecido ou que nos parece por demais cruel. Tu, porém, Mãe nossa, nada perguntaste ao Senhor quando, no Calvário, te feriu no teu coração materno. Não indagaste por que te impunha um sacrifício que dilacerava o teu âmago e parecia contradizer violentamente as promessas feitas por meio do Arcanjo. Nessa terrível comoção que te abalou totalmente, mas não te fez vacilar, o teu "sim" foi tão límpido e tão claro como o primeiro. Esse "sim" tão puro e tão incondicional é o que queremos imitar, quando mergulhados na dor.

Persevere o nosso "sim" como o teu, durante toda a nossa vida! Nunca seja dito pela metade, nem acompanhado de restrições, azedume ou mau humor! Não se misture nele nem a sombra de um "não"! E se esse "sim" tiver de ser heroico, que o pronunciemos, não somente com os lábios, mas do fundo do coração!

Já que toda a vida de Maria se resumiu em um "sim" dirigido ao Senhor, podemos dizer que ela foi tal qual o Senhor a havia projetado. A onipotência divina pôde realizar nEla as maravilhosas ações que desejava. Quando o Senhor pede o nosso "sim", é também para realizar prodígios em nós e através de nós. Mesmo as provações devem contribuir para tornar a nossa vida, como a de Maria, mais rica e mais bela. A fim de que todas as maravilhosas ações

IX. "FAÇA-SE EM MIM SEGUNDO A TUA PALAVRA!"

divinas penetrem em nós, queremos proferir o nosso sim com toda a amplidão de que somos capazes.

Virgem Santa, cujos lábios sempre disseram somente "sim", faze-nos aquiescer a todas as vontades divinas!

X. A PRIMEIRA VIAGEM COM CRISTO

Depois que se realizou a Encarnação no seu seio, Maria partiu para visitar Isabel, sua parenta. Era a sua primeira viagem com o Salvador, e fazia-a na mais completa intimidade entre Ela e o seu filho.

Caminhava com Ele; carregava-o secretamente. Já então se realizava aquela palavra que Jesus dirigiria anos mais tarde aos seus discípulos: "Permanecei em mim, e eu em vós" (Jo 15, 4). Jesus permanecia nEla corporalmente, e Ela permanecia nEle pela plena consciência de que por meio do seu ser ia ganhando corpo nEla o Filho de Deus e seu filho.

Carregava a esperança de salvação para a humanidade. Já não era a esperança de um acontecimento futuro; este já começava a realizar-se nEla. E ninguém poderia arrancar do seu seio o Salvador, agora definitivamente dado aos homens. Segura dessa posse, caminhava na alegria. Ao longo dos quatro dias da viagem, à semelhança das mães que concebem um filho, entregar-se-ia a falar com Jesus ainda sem voz, a comentar-lhe o que via, a cantar-lhe, a mimá-lo.

Contemplando-a nessa viagem, compreendemos melhor qual deveria ser o nosso regozijo quando o Senhor habita na nossa alma. Se estamos em graça, nós também caminhamos com Cristo. Quando comungamos, ocupamos o lugar de Maria porque trazemos fisicamente em nós Aquele que não cabe em todo o universo. E depois, quando saímos à rua, levamo-lo conosco espiritualmente, aonde quer que vamos. Por isso jamais estamos sós nas nossas peregrinações. Ele acompanha-nos. Não é necessário que o sintamos ao longo do dia; basta que, pela fé, o saibamos presente no mais íntimo de nós mesmos.

Veneremos essa presença interior de Cristo em nós! Não é porventura fonte inesgotável de íntima alegria trazermos conosco alguém que é infinitamente maior do que nós? Tu, Maria, que te extasiaste no segredo do teu coração por possuíres o Messias, comunica-nos esse mesmo fervor. E possamos também nós caminhar pela vida compreendendo o que há de inebriante em ter Deus conosco. Como a viagem da Visitação, o nosso caminho deve ser o da alegria e de uma esperança que já possui o que espera.

Aliás, para dizer a verdade, se Maria carregava o Salvador e o fazia realizar a sua primeira viagem neste mundo, mais exato ainda é dizer que era carregada por Ele. Era Cristo que, do próprio seio da Virgem Maria, a fazia caminhar e lhe sustentava a alma no longo trajeto até à cidade de Judá onde vivia a sua prima. Eis por que essa caminhada lhe deve ter parecido suave.

O mesmo acontece na nossa existência sempre que trazemos Cristo conosco. Aquele a quem carregamos secretamente, é quem nos carrega com a sua força onipotente. Faz recair sobre si o nosso cansaço e conserva-nos despreocupados e leves.

Talvez não tenhamos tomado bastante consciência desta ação do Salvador em nós; achamos com frequência que devemos enfrentar com as nossas próprias

X. A PRIMEIRA VIAGEM COM CRISTO

forças as dificuldades e perigos do caminho e com isso aumentamos o peso das nossas fadigas e apreensões. Não é verdade que deveríamos pensar mais no poder de Cristo e menos nas nossas capacidades?, que em momento algum deveríamos esquecer que a força de Cristo atua em nós e nos torna capazes de tudo vencer?

São Lucas diz-nos que Maria partiu apressadamente para as montanhas de Judá.

Por que essa pressa? Seria porque as grandes notícias, como em todo o ser humano, impelem a transmiti-las aos outros? Mas a quem a Virgem o faria, se o mistério era tão assombroso que não se sentira autorizada a comunicá-la nem mesmo a José? Ocorre-lhe, porém, fazer de Isabel a sua confidente porque soubera pelo anjo que a sua prima também experimentara o favor divino ao engravidar em idade avançada.

Mas acima de tudo o que certamente a levou, por evidente inspiração do Espírito Santo, a comunicar o seu segredo a Isabel foi que o filho nEla escondido trazia uma luz que um dia iluminaria todas as nações da terra e era o começo de uma vida que iria renovar o mundo. E o alcance universal dessa nova vida que nEla se gerara fê-la ir a passo acelerado ao encontro de quem a podia compreender e bendizer.

Ao longo dos quatro dias do trajeto, que outro pensamento podia vir-lhe à cabeça e ao coração senão o seu filho? Trazia-o dentro de si corporalmente, com feições que ainda desconhecia, mas que iriam formar-se no seu seio. Em todas as coisas onde pousava os seus olhos, à direita e à esquerda do caminho,

GRATIA PLENA

em todas as paisagens que a cercavam, via sempre o seu filho. Era-lhe como que uma suave obsessão. E deviam voltar-lhe continuamente ao espírito as palavras do anjo Gabriel: "Ele será grande e será chamado Filho do Altíssimo. O Senhor Deus dar-lhe-á o trono de Davi, seu pai; e reinará para sempre na casa de Jacó e o seu reino não terá fim" (Lc 1, 32). Era, pois, um rei quem Ela trazia no seu seio, um rei que iria reinar por toda a eternidade. E antes de ocupar o trono de Davi, fizera nEla a sua morada!

Poderia Ela deixar de estar imensamente feliz com essa certeza? Possuía dentro de si Aquele que era muito maior do que o mundo que a cercava. Os seus passos apressados a caminho da cidade de Judá através das montanhas lembram-nos uma descrição confortadora feita por um profeta no Livro da Consolação[1]. É a descrição da chegada do mensageiro que anuncia a vinda do Messias: "Como são belos sobre as montanhas os pés do mensageiro da boa nova que proclama a paz, traz a felicidade, anuncia a salvação e diz a Sião: «O teu Deus reina!»" (Is 52, 7).

Na sua visão, o profeta via o mensageiro apressar-se a ir anunciar o estabelecimento do reino de Deus àqueles que o esperavam há séculos. Foi assim que Maria se apressou a atravessar as montanhas para anunciar o reino messiânico que Deus começava a instaurar. Ela era a primeira mensageira dessa tão boa nova, a imagem de todos aqueles que, mais tarde, iriam levá-la aos quatro cantos do mundo. Precedia todos os que anunciariam aos homens a paz, a salvação e a

---

1   Assim é chamada a 2ª parte do livro de Isaías. [N. T.]

X. A PRIMEIRA VIAGEM COM CRISTO

felicidade trazidas pela presença definitiva de Cristo entre eles. Na sua visita humilde e ignorada a Isabel, Ela era a primeira figura dos apóstolos de Jesus e dos seus evangelizadores.

Mãe de Jesus e Mãe nossa! Comunica-nos o teu zelo em levar Cristo aos outros. Tu, que eras tão feliz em possuí-lo no teu coração, ardias com a mesma intensidade em desejos de fazê-lo possuir por todos os homens. Possamos nós contagiar-nos da tua impaciência em partilhar com os outros a nossa felicidade de conhecer, possuir e amar Cristo! Que não guardemos essa felicidade só para nós, que tenhamos consciência de que a recebemos em abundância para dessa abundância fazer participar os outros.

Mãe nossa, que não esqueçamos esta responsabilidade, tanto maior quanto mais gratuito foi o dom que recebemos. Que não recuemos ante as montanhas da resistência dos que nos ouvem, das suas recusas, da indiferença dos corações frios. Levamos Cristo conosco, e Ele disse-nos: "Não temais! Eu venci o mundo!" (Jo 16, 33).

XI. O ENCONTRO

Com a saudação à sua prima, Maria causa-lhe uma alegre surpresa.

É em primeiro lugar a surpresa de rever uma parenta depois de muito tempo. A distância que separava Nazaré da cidade de Judá não permitia contatos frequentes entre as duas primas. Mas essa visita de surpresa faria certamente reviver em Isabel os encontros anteriores, que lhe tinham permitido conhecer e apreciar a maneira de ser de Maria, a sua delicadeza de modos e a sua jovialidade, sem afetação. Devia, pois, estar encantada de a ver aparecer inesperadamente. No entanto, a alegria que sente tem sobretudo uma outra causa de ordem superior.

Desde que ouve a saudação da jovem prima, Isabel sente o filho estremecer no seu seio e fica cheia do Espírito Santo. Percorre-a um eflúvio misterioso que a transforma num instante. Não somente lhe chegam ao ouvido as palavras de saudação, mas penetra na sua alma uma força sobrenatural. Mais tarde, dirão de Jesus que emanava dEle um poder misterioso que curava os doentes. É um fenômeno desse gênero que se dá no momento da Visitação. Aqui o poder misterioso emana através de Maria.

A bem dizer, esse poder emanava também, e em primeiro lugar, do próprio Cristo. Mas o Salvador quis exercer por Maria a sua primeira ação transformante nas almas. E como Maria estava completamente penetrada dAquele que trazia no seu seio, essa ação obteve através dEla a sua plena eficácia. Foi suficiente a Virgem dirigir uma palavra de saudação à sua parenta para que esta fosse atingida pela irradiação do Salvador e se comovesse em todo o seu ser.

Que comoção foi essa? A da alegria que acompanha a proximidade do Messias. O filho de Isabel como que salta — dá pulos — de alegria no seio materno, para acolher uma visita que era a de Cristo. Assim, onde quer que estivesse e aonde fosse, Maria semeava alegria à sua volta, porque levava aos homens o Salvador.

A explosão de alegria de Isabel foi tanto mais forte quanto a Virgem a viera acumulando no seu coração ao longo do caminho. Fizera esse percurso inteiramente absorvida no Filho que ia crescendo dentro dEla, e, no termo da viagem, todo o seu carinho por Ele, que não cessara de aumentar e de se aprofundar, expande-se externamente ao saudar Isabel.

Não nos surpreendamos de que também nós desejemos receber a visita de Maria para partilharmos da sua felicidade. Gostaríamos que a sua voz chegasse aos nossos ouvidos e produzisse em nós o mesmo transporte de júbilo que invadiu Isabel. Pensemos nas ocasiões em que Ela nos visita — quando nos saúda e a saudamos no Ângelus ao meio-dia e no terço bem rezado, quando a vemos representada em tantas imagens suas... Será que nos invade a alegria de Isabel ou antes a rotina com que recebemos um auxiliar de escritório, ou o fornecedor, ou o carteiro?

Há um aspecto fundamental que deveríamos ter em conta nos nossos encontros com Maria. É Ela que

XI. O ENCONTRO

nos visita, mas com Ela vem-nos o Espírito Santo. Maria traz-nos uma efusão do Espírito Santo, como a trouxe a Isabel. Porque, conforme a palavra de São Lucas, no momento em que Isabel sentiu o seu filho estremecer de alegria no seu seio, "ficou cheia do Espírito Santo" (Lc 1, 46) e proclamou bem alto o júbilo que a inundava.

A alegria que Maria transmite à sua parenta está, pois, cheia de graça e de santidade. Provocando nela essa efusão do Espírito Santo, Maria assegura-lhe o mais precioso dom que Deus pode fazer aos homens.

O Espírito Santo é, em Deus, o amor personificado, e, quando vem a uma criatura, vem a ela todo o amor de Deus. Deus dá-se pelo Espírito Santo, porque se dá por amor. O próprio Jesus quis dar-se aos homens pelo Espírito Santo. Assim como a Encarnação sc operou no seio de Maria por ação do Espírito Santo, assim, no momento da Visitação, é pelo Espírito Santo que Cristo toca e ilumina Isabel. Aliás, se durante todo o percurso a Virgem caminhou apressadamente, foi porque era impelida pelo Espírito Santo, que é a força motora, dinâmica, de todos os nobres movimentos interiores e exteriores do ser humano.

Certamente, a alegria da Virgem resultava da presença nEla do Salvador. Mas é precisamente o Espírito Santo quem estabelece nos corações a intimidade com Cristo. Era, pois, o Espírito Santo quem, depois de ter operado na Virgem a presença corporal do Verbo feito carne, formava na sua alma a mais íntima união espiritual com Ele. Era o Espírito Santo quem dirigia para Cristo todos os seus pensamentos, quem estabelecia entre ambos um diálogo ininterrupto. Era Ele quem atraía para Jesus toda a sua afeição materna, ao mesmo tempo que a sua fé e a sua esperança.

Nos nossos encontros contigo, Maria, possamos nós receber essa mesma plenitude do Espírito Santo! A tua Visitação era a primeira manifestação aos homens da luz e do fogo de Pentecostes, e a efusão dessa luz e desse ardor que se produziu na tua parenta é a imagem da grande efusão que transformaria os discípulos reunidos no Cenáculo em tua companhia. Tu, que foste a primeira a carregar Cristo, és também a primeira a comunicar o Espírito Santo e a servir de instrumento para a sua difusão.

A Ti, pois, de modo especial, pedimos que esse supremo dom divino se aposse de nós, que não nos seja desconhecido. Com o Espírito Santo receberemos todos os outros dons. Uma luz do alto irá introduzir--nos nos mistérios da Revelação e aprenderemos com mais clareza as verdades da nossa fé.

Por essa luz divina, melhorará também a nossa afeição por Ti, Maria, e te conheceremos como Isabel, que, uma vez esclarecida pelo Espírito Santo, passou a considerar-te como nunca o fizera antes. A tua parenta viu-te de repente tal qual eras aos olhos de Deus, na grandeza da tarefa que o Senhor te confiara. Para te apreciarmos no seu justo valor, precisamos do Espírito Santo, e Ele nos fará sermos visitados por Ti como Onipotência suplicante e Medianeira e Aqueduto de todas as graças, Mãe que nos leva necessariamente ao seu Filho no Espírito Santo.

XII. SERVA DO PRÓXIMO

Maria acabara de declarar-se serva do Senhor, e quis agir como serva do próximo. Se, logo depois da Anunciação, resolveu pôr-se a caminho para visitar Isabel, não foi somente para expandir os seus sentimentos, mas porque queria auxiliar a sua parenta. Na sua mensagem, o anjo Gabriel dera-lhe a perceber que Isabel ia precisar de algum auxilio, já que esperava um filho numa idade avançada. Não lhe pedira expressamente que fosse a casa dela, mas Maria captou através das suas palavras uma sugestão divina. E partiu sem demora.

No entanto, teria muitas razões para não fazer essa viagem. Poderia ter pensado que, daí em diante, deveria tomar muito cuidado com a sua saúde, para bem da criança que trazia no seu seio. Ora, a viagem, que demoraria quatro dias, ia impor-lhe uma grande fadiga. Por outro lado, o caminho talvez oferecesse alguns perigos e riscos, como acontecia na época.

Mas todos esses aspectos não a detiveram. Sabia que é fácil fugir às insinuações da caridade e que sempre se podem encontrar motivos de maior ou menor peso para omitir-se. Mas, no seu caso, havia muito tempo que estava habituada a pensar mais em Deus e nos outros do que em si mesma. Nessa circunstância, não mede as complicações e os aborrecimentos da viagem; considera somente o auxílio

GRATIA PLENA

que pode prestar a Isabel e põe-se apressadamente a caminho.

Como contrasta essa espontaneidade do seu gesto com a resistência ao menos inicial que notamos em nós ao vermos que alguém precisa de nós! Quando nos é pedido ou sugerido um serviço, quantos pretextos nos ocorrem, numa primeira reação, para dele nos dispensarmos! Por nascimento, somos "os degredados filhos de Eva", e não os filhos de Maria. Somos levados a pensar primeiro em nós mesmos, a fechar-nos na salvaguarda dos nossos interesses. Maria, pelo contrário, era "a cheia de graça", e a sua incomparável pureza virginal comunicava-lhe uma extraordinária sensibilidade para abrir-se a Deus e, por Ele, ao próximo. Por outro lado, sabia sob a ação do Espírito Santo que Deus é unicamente caridade. Que outra coisa podíamos esperar dEla senão o "sim" pronto e sem reservas da Encarnação quando, como que incidentalmente, o Arcanjo lhe dera a saber da gravidez tardia da sua prima? Não devemos aprender dEla a ter um espírito sem hesitações para acolher a menor ocasião de servir a Deus nos outros, de amá-los como Ele os ama, com atos?

A caridade desvia-nos dos cálculos egoístas, desfaz as restrições de toda a espécie que possam poupar-nos de um esforço em proveito de alguém. Em vez de nos fazer engenhosos em esquivar-nos a uma ocasião de servir, torna-nos hábeis em aliviar o peso dos outros. Em vez de levar a resignar-nos a prestar um serviço quando não encontramos maneira de evitá-lo, faz nascer em nós uma verdadeira solicitude que chega a adivinhar as carências do próximo. Isabel

XII. SERVA DO PRÓXIMO

não pediu ajuda à sua prima; Maria antecipou-se, movida por Deus.

Por outro lado, o seu mérito particular consistiu em fazer-se serva de Isabel depois de saber que seria a mãe do Salvador, quando já recebera uma dignidade maior do que a da sua parenta. Tinha consciência de ter sido escolhida entre todas as mulheres de Israel, de ter recebido o favor mais elevado que se pode fazer a um criatura. Ora, ainda que superior em dignidade, sai do seu lugar para ir passar três meses em casa de Isabel, fazendo o trabalho próprio de uma serva.

Aliás, Isabel percebeu imediatamente a nobreza do gesto de Maria. Graças à luz do Espírito Santo, reconheceu nEla a mãe do Messias e proclamou-a superior a todas as mulheres da terra: "És bendita entre as mulheres — exclamou ao recebê-la —, e bendito é fruto do teu ventre! E donde me vem a honra de que venha a mim a mãe do meu Senhor?" (Lc 1, 42-43). Isabel percebeu ser ela quem deveria ir a Nazaré para felicitar e pôr-se à disposição de Maria.

A Virgem não foi, pois, dessas pessoas que fazem sentir aos outros a dignidade que possuem e reclamam as honras que julgam merecer, apesar de ser a maior das criaturas. Durante a sua estada em casa de Isabel, ninguém suspeitará do privilégio que recebera. Será vista naquela casa ocupada em realizar as mais humildes tarefas, encarregando-se delas como se fosse a parte que naturalmente lhe cabia.

Assim serviu a sua parenta com o mesmo ardor com que se dissera serva do Senhor. Servindo a Isabel, servia a Deus. E com tal simplicidade que Isabel não se deve ter sentido constrangida em pedir-lhe qualquer tipo de ajuda. Porque não quis pôr nenhum limite no seu amor de Deus, não fez nenhuma restrição ao serviço em casa de Zacarias e Isabel, pois via nesse serviço outra maneira de amar a Deus.

Esse procedimento é para nós, como o foi para Isabel, motivo de espanto e admiração. Nos nossos dias, até a palavra serva, isto é, criada, parece ter uma ressonância pejorativa, e procuram-se eufemismos para falar desse trabalho. Ora, Maria fez dessa palavra um título de honra e sobretudo realizou o que essa palavra significava.

Custa-nos fazer entrar em nós as recomendações de Cristo: o maior deve fazer-se o menor, o primeiro deve agir como se fosse o último. Como nos recorda o Apóstolo Paulo, "devemos ter os outros por nossos superiores" (Fl 2, 3). Aí está o exemplo da nossa Mãe para nos encorajar: Ela que era a primeira, a maior de todas as mulheres, quis ser a última, a menor de todas. Quem, pois, poderia pretender dominar os outros, quando Ela se aplicou a servi-los?

Ensina-nos, Maria, a arte de servir o próximo nas coisas mais humildes, o zelo de tomar sobre nós certos trabalhos penosos, e, quando sentirmos repugnância por algum deles, talvez humilhante, a fazê-lo com um sorriso que esconda o sacrifício. Se uma empregada doméstica não se queixa da tarefa que lhe cabe, e não a cumpre de mau humor, faze--nos, Maria, evitar qualquer queixa.

No céu, onde estás agora resplandecente de glória, o teu maior cuidado continua a ser pôr-te a serviço de toda a humanidade. Lá já não podes ter nenhuma ocupação humilde; mas a tua vontade de servir

XII. SERVA DO PRÓXIMO

estes outros teus filhos, que somos nós, permanece idêntica e continua a beneficiar-nos com mil graças em todos os detalhes da nossa vida, mesmo que não as conheçamos.

Agradecendo-te por teres querido ser para todo o sempre a nossa serva, pedimos-te a coragem de imitar-te para que nos tornemos servos de todos os que nos cercam.

XIII. *MAGNIFICAT*

Maria não deixa sem resposta o louvor que Isabel lhe dirige. "És bendita entre as mulheres — dissera esta —, e bendito é o fruto do teu ventre!" (Lc 1, 42). Esse louvor exprimia uma verdade; Maria não podia negar que era realmente bendita entre as mulheres, porque era bendito o fruto do seu seio. Recebe, pois, esse louvor, mas imediatamente, com o seu *Magnificat*, dirige todo o mérito para Deus.

É o Senhor e somente Ele — diz — que deve ser louvado pela grandeza que lhe concedeu. Ao declarar: "A minha alma engrandece o Senhor" (Lc 1, 46), mostra por essa exclamação que proclama a grandeza de Deus. A expressão "a minha alma" significa: "eu mesma, no que tenho de mais íntimo". Toda a profundeza do seu ser quer testemunhar as magnificências divinas.

Sem dúvida, a Virgem não era a primeira a exprimir iguais sentimentos. Só teve que seguir o ardor com que outros haviam engrandecido o Senhor, como o salmista: "Louvo-te, Yavé, de todo o meu coração, publico todas as tuas maravilhas, alegro-me e exulto em ti, canto o teu nome, ó Altíssimo!" (Sl 9, 2-3)[1]. Da mesma maneira Maria exulta de alegria em Deus seu Salvador.

---

1   O hino de Maria inspira-se no cântico de Ana (1 Sm 2, 1-10) e está entretecido de outras passagens dos Salmos (cf. Sl 110-9; 102, 17; 88, 11; 97,3), de Is 41, 8 e segs. etc.

Essas expressões, porém, adquirem nEla uma força pessoal que não poderiam ter antes, porque é a primeira a cantar a felicidade suprema que acaba de ser concedida à humanidade, pelo Salvador que nos é dado. Antes dEla, esse Salvador era apenas uma esperança e a grandeza de Deus devia ainda manifestar-se. Agora, Cristo é uma realidade; a grandeza divina revelou-se nEle. Eis o que confere ao *Magnificat* um novo significado.

E a razão do júbilo de Maria é a que Ela própria nos dá a conhecer: Deus "lançou os olhos sobre a sua humilde serva" (Lc 1, 48). Aqui temos novamente a palavra "serva", bem do agrado dAquela que via nela a definição exata do seu estado de alma, não de um sentimento de ocasião. Maria era *essencialmente* humilde e nada há nEla que pareça destinada a chamar a atenção para si própria, antes pelo contrário.

Maria reconhece que "Deus olhou para a sua serva" e que foi esse olhar que a fez ser admirada por toda a humanidade: "Eis que, de ora em diante, todas as gerações me chamarão bem-aventurada". Não o diz por presunção, mas porque se sabe instrumento para a execução do plano divino, que através do permanente louvor dirigido a Ela quer exaltar permanentemente o bendito fruto do seu ventre. Todas as gerações humanas — a nossa, hoje e agora — cantarão cada vez mais a sua felicidade, porque estão chamadas a reconhecer as maravilhas operadas nEla pelo Todo--Poderoso ao dispor a Encarnação do seu Filho no seu seio. O louvor a Maria é parte necessária e consequência do louvor a Cristo.

XIII. *MAGNIFICAT*

Essa felicidade que inundou Maria poderia ter sido concedida a outros, que, aparentemente, tivessem mais títulos para ser objeto da admiração da humanidade: todas as pessoas da classe alta, todos os possuidores de riquezas ou de poder, todos os grandes deste mundo. Mas o Senhor, como disse Maria, "dispersou os soberbos de coração; derrubou do trono os poderosos e exaltou os humildes; saciou de bens os famintos e despediu de mãos vazias os ricos" (Lc 1, 51-53).

Os ricos e poderosos deste mundo teriam podido pensar que o Messias surgiria entre eles e seria dos seus. Mas Deus decidiu de outro modo. Ele manifesta o seu divino poder naqueles que, falando humanamente, são fracos e pobres. Certamente não condena a riqueza e o poder em si mesmos, mas afasta-se daqueles que põem a sua esperança na riqueza ou no poder, enchendo-se de orgulho e apoiando-se em si mesmos. Com esses, Deus não pode usar da sua misericórdia, porque se fecham a ela. Deus passa-lhes ao largo e deixa-os na cegueira: parecendo triunfar, acabam a vida de mãos vazias.

Maria, ao contrário, não possuía nem riqueza, nem autoridade especial, nem virtude alguma que chamasse a atenção entre as pessoas do seu meio. Ignorada e desconhecida de todos, considerada como uma jovem qualquer, como mais uma entre muitas, era pobre, como o eram no Antigo Testamento os pobres de Yavé, aqueles que não possuíam os bens deste mundo, mas precisamente por isso tinham sede da amizade de Deus e viam nela o seu único tesouro. Jesus proclamará a felicidade desse gênero de pobres:

GRATIA PLENA

"Bem-aventurados os que têm um coração de pobre, porque deles é o reino dos céus" (Mt 5, 3).

O Senhor, como Maria proclamou no *Magnificat*, "exaltou os humildes". Via neles todos os que não se entregam às ambições e às apetências deste mundo e que confiam a Deus a sua fraqueza. É a esses que o Senhor se compraz em cumular das suas graças, como fez com a Virgem. O seu *Magnificat* foi dito em nome próprio, mas também em nome de todos os verdadeiros pobres da terra, que se tornam ricos em Deus.

O cântico termina com um louvor dirigido ao amor divino, à misericórdia pela qual Deus teve piedade do seu povo e cumpriu a promessa feita "a favor de Abraão e da sua descendência para sempre" (Lc 1, 54-55). Com efeito, todas as maravilhas realizadas em Maria se explicam pela bondade divina. O Senhor manifestou nEla a benevolência que destina a todos nós.

E aqui teremos de reconsiderar por que nos esquecemos tanto de louvar e agradecer a Deus pelos benefícios que nos concede. A nossa insensibilidade neste ponto torna-nos ingratos, e a nossa ingratidão é das coisas que mais magoam a Deus: "Não foram dez os [leprosos] curados [por Cristo], e onde estão os outros nove?" (cf. Lc 17, 11-19). A omissão do dever de levantar o coração a Deus em ação de graças por todas as graças que nos concede (mesmo que não as conheçamos e que serão talvez a maioria e as mais importantes) denota, além de grosseria, a apropriação de uns resultados que têm por fonte verdadeira o amor de Deus por cada um dos seus

XIII. *MAGNIFICAT*

filhos. Esquecemos ou não reconhecemos o dedo de Deus porque olhamos demasiado para nós mesmos, porque somos fátuos e orgulhosos: "Que temos que não tenhamos recebido? E por que nos vangloriamos como se não o tivéssemos recebido?" (1 Cor 4, 7), diz o Apóstolo Paulo.

O homem é pouquíssima coisa em comparação com o que o Senhor lhe dá; mas pode fazer-se grande pelo louvor que dirige em agradecimento ao Todo-Poderoso.

Mãe de Deus e Mãe nossa:

— ensina-nos a reconhecer na nossa vida a profusão e grandeza dos benefícios divinos;

— faze que se eleve sempre dos nossos corações, nas menores ocasiões, um vibrante "obrigado, meu Deus" que seja verdadeiramente sincero, diferente dos "muito obrigado" que dirigimos aos homens por cortesia e automaticamente;

— pela recordação dos benefícios passados, sustenta a nossa confiança no auxílio divino para o futuro;

— com gratidão cheia de amor, faze-nos atribuir sinceramente a Deus todo o bem que se encontra em nós;

— dá-nos uma alma de louvor, que fixe o nosso olhar no Senhor mais do que em nós mesmos.

— Senhora nossa Mãe, que saibamos viver sempre num ardente *Magnificat* que seja adoração, gratidão e humildade.

XIV. TUDO DEIXAR POR JESUS

Pouco tempo antes do nascimento de Jesus, Maria teve que deixar Nazaré e acompanhar José a Belém para o recenseamento ordenado pelos romanos. Essa viagem, naquele momento, não deixou de lhe causar transtornos. Certamente custou-lhe mais do que a que tinha feito uns meses antes para visitar Isabel.

Sobretudo, desmanchava todos os seus planos. Esperava a vinda do menino em Nazaré e ali preparara tudo para o receber. Tendo de partir, viu que todos esses preparativos, feitos com tanto amor, seriam inúteis. Só podia levar para a viagem o estritamente necessário, e não sabia se haveria de encontrar um lugar conveniente para dar à luz.

São as mudanças que Deus impõe aos planos dos homens. Não havia tarefa mais grata do que preparar tudo para o nascimento na casa de Nazaré. Era, aliás, dever de Maria velar para que, na medida em que o permitia a sua pobreza, a criança fosse acolhida do melhor modo possível, e o próprio Deus não tiraria os olhos dEla, acompanhando com afetuosa admiração a sua solicitude materna nesses preparativos. Todas as mães estão sempre prontas a fazer tudo pelo filho que vão ter; e uma mãe como Maria, de perfeita bondade e santidade, exceder-se-ia com imenso amor no cuidado em ter o mais possível o enxoval e a casa em ordem. Ora, tudo isso de nada serviria.

No entanto, se Maria poderia achar que a vontade divina era bem dura, por outro lado vivia na persuasão de que Deus sempre quer o melhor para nós e de que os obstáculos aos nossos planos, por mais imprevistos que sejam, sempre concorrem de uma maneira ou outra para o cumprimento da sua vontade e para nosso maior bem. Se Ele quisesse que Jesus nascesse na casa de Nazaré, ter-lhe-ia sido fácil dispor as circunstâncias nesse sentido. Mas deixou que as coisas que as coisas seguissem o seu curso. E Maria não deve ter deixado de renovar o seu "faça-se", sem protestar nem lamentar-se. Simplesmente aceitou a viagem como um acontecimento que entrava nos planos da Providência. Uma vez que não confiava nEla, mas punha a sua confiança unicamente em Deus, foi a Ele que entregou tudo o que dizia respeito ao nascimento de Jesus. Mais ainda, teve a força de crer que o recenseamento fora expressamente previsto por Deus para dar a esse nascimento o ambiente que deveria ter.

Sentiu o coração apertado ao lançar um último relance sobre a casa de Nazaré, mas partiu serenamente. Compreendeu que, desprendendo-se desse lugar cheio de calor pensado para o menino, o Senhor lhe mostrava que Ele mesmo asseguraria o ninho conveniente. Era Ele que assumia a situação e dirigia os acontecimentos como era do seu agrado. Podemos, pois, estar certos de que Maria não teve medo do que poderia acontecer, ainda que a viagem a levasse para o desconhecido. Sabia pela fé que o acolhimento querido por Deus para o seu filho seria o mais belo e o mais generoso, porque fora deliberadamente preparado por Aquele que tudo pode e que nos ama. Uma paz sobrenatural animava a partida do casal.

XIV. TUDO DEIXAR POR JESUS

Essa circunstância deve fazer-nos refletir. Quando vemos contrariados os nossos planos, somos levados a não conformar-nos. Não podemos admitir que fracassem os esforços feitos com a melhor das intenções. Facilmente achamos que Deus não faz justiça à nossa boa vontade e temos a impressão de que, atrapalhando os nossos planos, Ele nos esquece ou se afasta de nós. Nesses momentos difíceis, é hora de nos lembrarmos de que a própria Virgem Maria viu como se desmanchavam os seus esforços por garantir um local e ambiente condignos para Jesus. Em vez de ver nisso um certo descaso da parte de Deus, reconheceu antes uma atenção da Providência.

Aliás, ao ter de trocar Nazaré por Belém, Maria adivinhava com certeza uma das razões pelas quais o Todo-Poderoso a fazia viajar tão inesperadamente nas vésperas do nascimento. Ele já queria aplicar-lhe a regra que seria enunciada no Evangelho: por amor de Jesus, é preciso saber abrir mão dos projetos pessoais, deixar tudo. Maria seria a primeira a realizar o preceito de que é necessário deixar a própria casa para ser digno de seguir as pegadas do Salvador. No silêncio do seu coração, o seu filho já se fazia seu Mestre e lhe pedia um gesto custoso de desprendimento. Como não havia de atendê-lo?

O amor que o Salvador nos pede manifesta-se na aceitação do sacrifício, sem o qual não passaria de um sentimento. Quando nos é pedida uma renúncia, Deus inspira-nos a olhar para Cristo e desse olhar ganhar coragem e força para aceder à vontade divina, por mais que nos doa. Só em pensar muito mais em Jesus do que em nós que conseguimos alento e energias para repetir: "Senhor, Tu queres? Eu também o quero".

No momento da partida, Maria não poderia compreender todas as razões por que o Senhor a fazia caminhar com José até Belém. Os planos divinos sempre se apresentam misteriosos, e somos incapazes de discernir neles todos os objetivos últimos que Deus tem em vista. Contudo, mais tarde, refletindo sobre o lugar em que o menino nascera, percebeu o motivo por que fora conduzida para lá. O anjo Gabriel declarara-lhe no momento da Anunciação que o seu filho estava destinado a ocupar o trono de Davi, seu pai. Convinha pois, que nascesse em Belém, a cidade de Davi. Mais tarde, Maria admirou ainda mais a sabedoria da Providência, que dispusera as circunstâncias para que o menino nascesse na cidade de Davi, embora o casal habitasse em Nazaré.

Daqui tiramos a conclusão de que, também para nós, os planos divinos são sempre melhores do que pensamos e de que a sabedoria com que o Senhor dirige os nossos passos se revela claramente no futuro.

Virgem generosa,

— ajuda-nos a entregar-nos à vontade divina, mesmo quando contraria os nossos planos;

— fortifica a nossa fé na Providência, que tudo dirige com amor para o nosso bem;

— dá-nos coragem para não recusarmos qualquer sacrifício, por amor a Cristo;

— sustenta a têmpera e a força moral dos que, para permanecerem fiéis, devem aceitar grandes renúncias!

XV. UMA LUZ NA NOITE

O acontecimento que comemoramos com o nome de Natal foi grande aos olhos de Maria, mas também muito simples. Deus queria expressamente essa simplicidade ao levá-la até Belém.

O Evangelho chama a nossa atenção somente para as circunstâncias improvisadas que rodearam esse nascimento, em ambiente de notória pobreza. Conta-nos que, durante a permanência de Maria e José em Belém, "completaram-se os dias dela. E deu à luz o seu filho primogênito e, envolvendo-o em faixas, deitou-o numa manjedoura, porque não havia lugar para eles na hospedaria" (Lc 2, 6-7).

Nessas linhas, adivinhamos o que deve ter acontecido: os esforços de José à procura de um lugar na hospedaria ou em alguma casa de família, a impossibilidade de encontrá-lo por causa da afluência de estrangeiros em Belém, e finalmente a necessidade de procurar refúgio numa gruta ou estábulo dos arredores. Por essa sequência de negativas, que desembocou numa solução tão humilhante como era um refúgio que ordinariamente servia de abrigo aos animais, Maria podia reconhecer o desígnio divino e certamente estaria cheia de paz. Não é difícil imaginá-la sorrindo para o esposo desconsolado a cada porta que se fechava e animando-o a pensar que, para o Filho do Altíssimo, dava na mesma nascer aqui ou acolá, pois lugar nenhum merecia recebê-lo.

Com isso, Deus queria, por outro lado, que o verdadeiro acolhimento a prestar ao menino não dependesse das coisas materiais nem do conforto, mas somente de um coração vibrante de amor como o de Maria, que devia suprir e ultrapassar tudo o que faltava. Para Deus, era muito mais valiosa essa "pousada" espiritual do que todas as coisas que pudessem aumentar o bem-estar corporal da criança. Assim se manifestava já essa verdade fundamental de que o Salvador vinha a este mundo para conquistar o coração dos homens, para abri-los ao amor, ao único amor que vale a pena e que legitima, purifica e norteia os demais amores.

Amor e... fé! O amor de Maria procede de um religioso sentimento de fé. A Virgem olha para Jesus não apenas como mãe, mas como pessoa que crê. A criancinha que está deitada na manjedoura não tem aparência alguma que faça supor a sua identidade e o seu destino; ninguém pensaria que é o Messias, o Ungido do Senhor que um dia ocuparia o trono de Davi. Mas Maria crê com toda a alma, crê que esse ser tão pequenino e carente de tudo, nascido na obscuridade de um abrigo noturno, é a Luz que veio iluminar o mundo inteiro.

Nos nove meses anteriores, quanto não ansiaria Ela por conhecer o rosto do seu filho, por beijá-lo, alimentá-lo, niná-lo... Agora que o tem no seu regaço, que pode vê-lo com os olhos do seu corpo ao mesmo tempo que com os da sua alma, a noite já não é noite. Dele emana uma luz que tudo transforma. Desapareceram as sombras que envolveram os homens durante séculos e tudo é luz.

XV. UMA LUZ NA NOITE

Maria alegra-se ao pensar que essa luz está de agora em diante presente no mundo e não vai tardar a difundir-se pela humanidade. É a luz do Natal que continua a vir até nós e continua a pedir-nos, como pediu a Maria, um acolhimento cheio de fé. Possamos, pois, crer com um ardor semelhante ao dEla nessa luz que brilha na noite e quer dissipar as nossas trevas!

Amor, fé e... humildade. Já no nascimento de Jesus, a Providência quis associar outros seres humanos à admiração, à fé e ao amor de Maria. Sem dúvida, foi Ela quem explicou os detalhes do convite dirigido pelos anjos aos pastores, como no-los transmite o evangelista: "Havia na mesma região alguns pastores que habitavam nos campos e durante a noite vigiavam os seus rebanhos. Um anjo do Senhor apareceu-lhes e a glória do Senhor envolveu-os com a sua claridade e eles tiveram um grande temor. O anjo disse-lhes: Não temais, porque vos anuncio uma boa nova que será uma grande alegria para todo o povo: hoje, na cidade de Davi, nasceu-vos um Salvador, que é o Cristo e Senhor. Isto vos servirá de sinal: encontrareis um recém-nascido envolto em faixas e deitado numa manjedoura" (Lc 2, 8-12).

A escolha dos pastores prolonga de certa maneira a escolha que Deus fez de Maria: "Exaltou os humildes". É aos humildes que o Senhor se dirige e a quem Jesus deseja mostrar-se. Da parte dos grandes deste mundo, satisfeitos com a sua dignidade, o anjo só poderia provocar repulsa ou ceticismo. Um recém-nascido, deitado numa manjedoura, podia ser o sinal do nascimento do Messias? Os pastores, de alma mais límpida e mais simples, eram mais capazes de receber a mensagem. Tinham uma alma que se assemelhava mais à de Maria. Por isso, apressaram-se a atender ao convite para admirar com Ela o menino que era o Salvador dos homens.

Também nós quereríamos ter uma alma simples e límpida como a da Virgem, uma alma transparente à luz e plenamente dócil às boas novas que ela nos anuncia. A exemplo dos pastores, quereríamos descobrir na ausência de todo o aparato na gruta de Belém a preferência de Deus pelos que entram imediatamente em comunhão de sentimentos com Maria, contemplar o Salvador com o seu mesmo olhar de fé e carinho, sem dar valor para as aparências.

Gostaríamos também de partilhar do amor que Maria experimentou pelo filho desde que o segurou nos braços. Carregando-o pela primeira vez, sabia que sustentava o Senhor do universo. O seu coração, que sempre estivera voltado ardentemente para Deus, entregou-se com o mesmo ardor a essa criança em quem via o Enviado de Deus seu Pai. Jesus entregou-se completamente às suas mãos; e Maria quis mais ser dEle do que possuí-lo para si: nos cuidados de que o rodeou, manifestava a firme vontade de pertencer-lhe de todo, de nunca tirar os olhos dEle, porque via nEle o Deus invisível que acabara de tornar-se visível. A luz que surgira na noite de Belém ia continuar a dirigi-la e levá-la a renovar a sua entrega cada dia: seria definitivamente a luz que guiaria a sua existência.

Gostaríamos, enfim, de incorporar em nós a afeição maternal de Maria por Jesus, de expressões tão

XV. UMA LUZ NA NOITE

encantadoras como as que uma mãe tem com o seu recém-nascido. É verdade que o nosso relacionamento com Jesus terá matizes de afeto à medida que Ele for crescendo e se entregar publicamente à sua missão, com desassombro e uma coragem varonil que o levará a enfrentar de cara erguida as vilanias, os suplícios e a morte infligidos pelos invejosos e soberbos. Mas jamais devemos esquecer que — à semelhança de Maria, para quem, como se passa com todas as mães, e mais no caso dEla, o seu filho seria sempre o seu menino — esse relacionamento tem de trazer sempre a marca dos inícios: Deus que nasce como uma criancinha de berço para que nos aproximemos dEle sem temor e com carinho[1].

Isso leva-nos a juntar à fé e ao amor a simplicidade com que devemos orar, fazendo-nos meninos para falar e "brincar" com o Menino, sob pena de não nos entender. Orar não é envolver-se em discursos, em meditações subidas e bem articuladas, mas falar com Deus, com Jesus sempre deitado no presépio, sempre presente no sacrário mais próximo, sem frases feitas e arredondadas, mas como falam as crianças entre elas, com palavras desconexas, entremeadas de correrias e gritos de alegria, mas imensamente alegres e descontraídas.

Virgem enamorada de Jesus,

— inspira-nos um grande amor pelo teu Filho;

— faze-nos tratá-lo com o à vontade de uma criança com Deus-Criança e jamais deixar de procurá-lo assim na oração diária, com fome do seu carinho,

---

1   Cf. São Josemaria Escrivá, *Caminho*, n. 94. [N. T.]

do seu consolo nos contratempos, do seu sorriso que nos dá a paz, a despreocupação e a segurança dos infantes;

— inflama o nosso desejo de recebê-lo pela comunhão sacramental com a pureza, a humildade e o ardente amor com que o recebeste desde o primeiro instante em que se encarnou em Ti, e no presépio, e na Cruz.

— digna-te ensinar-nos a descobrir cada vez mais a autêntica face de Jesus, sempre amável como uma criança inerme, carente dos nossos cuidados e mimos.

XVI. OBLAÇÃO MATERNA

Depois de ter recebido o filho das mãos do Senhor, o primeiro gesto de Maria foi oferecê-lo.

A lei judaica exigia que, no quadragésimo dia depois do nascimento de um menino, a mãe se apresentasse ao Templo para se purificar; devia oferecer ali, em sacrifício, um cordeiro, ou, se fosse pobre, um par de rôlas ou dois pombinhos. Por causa da sua pobreza, Maria não ofereceu um cordeiro, mas, na realidade, vinha oferecer ao Senhor o cordeiro por excelência, Aquele de quem João Batista diria mais tarde: "Eis o cordeiro de Deus" (Jo 1, 29, 36).

A lei também prescrevia o resgate de todos os filhos primogênitos, pois o primogênito era considerado consagrado ao Senhor. Deus reivindicava a propriedade, e os pais, para conservarem o poder sobre o menino, deviam pagar uma quantia como resgate. Maria devia, pois, apresentar o seu filho ao Templo para satisfazer o resgate (Lc 2, 22).

Esse resgate poderia ser uma simples formalidade. Outras mães de família não pensavam mais na significação da quantia que deviam dar. Era uma cerimônia que se desenrolava quase maquinalmente. Mas Maria quis pôr no seu gesto toda a sinceridade possível. Se Aquela que era "a cheia de graça" devia cuidar habitualmente de não cumprir por rotina ou maquinalmente as ações do culto, muito mais neste caso, em que se tratava de reconhecer plenamente o direito de propriedade do Todo-Poderoso sobre o seu filho.

Nesse gesto, ia assim exprimir a sua ardente generosidade. Sabemos que estava mais presa a Jesus do que a qualquer outra pessoa neste mundo. Cada mãe considera o seu filho como seu tesouro. Mas, pelo que lhe dissera o anjo, Maria conhecia a transcendência excepcional do seu filho, Salvador da humanidade, e por isso devia admirá-lo e amá-lo mais do que qualquer outra mãe admira e ama o seu filho. Recebera esse tesouro por ação direta de Deus, graças a uma conceição miraculosa operada pelo Espírito Santo: essa origem estupenda e maravilhosa agigantava aos seus olhos o valor do seu filho e tornava-o ainda mais querido. E, no entanto, não pretendeu conservá-lo ciosamente para si. A sua primeira reação não foi dizer: "Este filho é meu", mas sim: "Este filho é de Deus".

Esse gesto de um coração materno, que não hesita em oferecer o seu filho ao Senhor, permanece para sempre diante dos olhos dos cristãos como um magnífico exemplo de desprendimento e generosidade. Traça um caminho aos pais cristãos. Esses pais receberam de Deus, na pessoa dos filhos, o maior presente que Ele lhes podia ter feito. mas poderiam ser tentados a guardá-los como posse exclusiva. Devem pedir a Maria que não lhes permita esquecer o soberano domínio de Deus sobre esse tesouro que lhes foi confiado, que os faça compreender que, antes de lhes pertencerem, esses filhos pertencem

XVI. OBLAÇÃO MATERNA

ao Senhor. Que, em vez de querer guardá-los ciosamente para sua própria satisfação, os ponham à disposição de Deus para tudo o que a Providência lhes destinar. E no caso em que o Senhor queira chamar um deles para seu serviço exclusivo — no sacerdócio ou em algum outra forma de celibato —, não oponham uma recusa nem levantem obstáculos, antes se alegrem e se orgulhem de oferecer o filho como Maria ofereceu o seu.

A oblação da Virgem era ainda mais meritória por saber que Jesus seria o seu único filho. Prometera ao Senhor a sua virgindade e permaneceria virgem até a morte. O seu coração materno só existia, pois, para o filho que concebera sem intervenção de homem algum, mas por obra do Espírito Santo, e por isso concentrara nele toda a sua afeição. Nada, porém, poderia fazê-la recuar.

Por outro lado, essa oblação foi a ocasião de que Deus se serviu para desvendar-lhe um panorama que nem lhe ocorrera ao partir para o Templo. Após cumprir o rito da sua purificação e da oferenda do filho, veio ao seu encontro um homem chamado Simeão, justo e piedoso, que, impelido pelo Espírito Santo, ia revelar-lhe um aspecto inteiramente novo da missão de Jesus e da Mãe.

Depois de cantar a sua alegria por estreitar entre os braços o Menino que trazia a salvação ao mundo e que seria uma luz para todas as nações e a glória do povo de Israel (Lc 2, 29-31), Simeão abençoa Maria e José e, em surpreendente contraste com o luminoso futuro que descrevera, dirige-se a Maria e profetiza-lhe: "Eis que este menino foi colocado para ruína e soerguimento de um grande número em Israel e para ser um sinal que provocará contradições. E tu mesma serás trespassada por uma espada, a fim de que se revelem os pensamentos de muitos corações".

Depois de ter confirmado que Jesus era o Messias, Simeão anuncia que essa missão messiânica só se cumprirá à custa de muita oposição. O ancião não fala do sacrifício de Jesus, mas do de Maria. Insiste mesmo em que será Ela que terá o íntimo da sua alma atravessada por uma espada: "tu mesma" — declara ele, acentuando o tu.

Abre-se de repente diante de Maria um horizonte de dor. Desta vez, o evangelista não nos fala de admiração. Maria recebe a profecia em silêncio. Deus quis esclarecê-la de antemão sobre o alcance do seu gesto ritual. Fê-la deter-se à saída do Templo para mostrar-lhe o contraponto da alegria que lhe trazia ser a Mãe de Deus.

Em todo o cristão devia ser natural levantar o coração a Deus no começo do dia e oferecer-lhe as obras que o esperam. Se é nEle que "vivemos, nos movemos e somos" (cf. At 17, 28), não há de isso refletir-se em todos os movimentos que fazemos, nos passos que damos? É uma oferenda como a de Maria, que, ao oferecer o seu filho, se oferece Ela mesma. É um duplo oferecimento num só. E tanto é assim que, oferecendo de antemão as nossas obras, as integramos no oferecimento de Cristo ao Pai: "Eu vivo para o Pai". Cristo funde as nossas pobres obras com as suas e dá-lhes um alcance divinamente

XVI. OBLAÇÃO MATERNA

infinito. Não são um desperdício tantas obras feitas sem uni-las a Cristo?[1]

Mas não esqueçamos o segundo aspecto: esse oferecimento prévio — se o fizermos como que de olhos fechados! — que faz Cristo chamar a si e fazer seus os nossos atos de per si insignificantes, supõe ter plena consciência de que Cristo lhes deu o fecho na dor do Calvário. As nossas obras do dia recém-iniciado não se perderão se merecerem ser incluídos no sacrifício da Cruz, incruentamente renovado todos os dias na Missa.

---

1 São Josemaria Escrivá diz algo parecido no ponto 997 do livro *Sulco*: "Ao pensares em todas as coisas da tua vida que ficarão sem valor não as teres oferecido a Deus, deverias sentir-te avaro: ansioso por apanhar tudo, por não desaproveitar também nenhuma dor. — Porque, se a dor acompanha a criatura, o que é senão insensatez desperdiçá-la?" [N. E.]

XVII. INTIMIDADE DA FÉ

Durante trinta anos, Maria viveu lado a lado com Jesus. O Evangelho não nos descreveu essa longa intimidade de Nazaré, porque os sentimentos eram interiores e invisíveis.

Era uma intimidade muito superior à que uma mãe entretém ordinariamente com o filho: estava toda penetrada, por parte da Virgem, do ardor sobrenatural da fé.

Já a manifestara no momento da Anunciação: fora a primeira a crer em Cristo. Mas essa fé não ia cessar de se aprofundar e de se confirmar durante os trinta anos posteriores. Em todo esse tempo de convivência, Maria não pôde deixar de ir descobrindo cada vez mais no seu filho a verdade das palavras pronunciadas pelo anjo Gabriel.

Quando olhava para Jesus, quando conversava com Ele ou o seguia nas suas andanças, jogos e ocupações do menino, tudo contribuía para fazê-la penetrar mais no mistério que se escondia nEle. Aparentemente, essa criança era igual às outras; ninguém poderia discernir nEle o Messias de Israel. Nada indicava aos que o rodeavam a sua verdadeira identidade. E Maria não era uma exceção. Era a sua fé que a fazia atravessar o véu que envolvia aqueles anos obscuros. Precisava crer sem ver, porque só podia ver uma criança e devia crer que era o nosso Salvador.

GRATIA PLENA

O anjo dissera-lhe que o menino concebido por obra do Espírito Santo seria chamado Filho de Deus. E Maria procurava encontrar a imagem da divindade naquela face humana. Observava os gestos, as atitudes, as reações de Jesus para neles descobrir os traços divinos.

Ora, Jesus está diante dos nossos olhos como outrora diante dos olhos da sua Mãe em Nazaré. Temos o seu retrato nos Evangelhos: se não sabemos quase nada do que fez durante aqueles trinta anos, podemos imaginar como se comportaria, como obedeceria, como serviria, pelo modo como agiu e falou ao longo dos seus três anos de vida pública. Acontece que estamos pouco familiarizados com as narrações do Evangelho; raramente as lemos e, sobretudo, sem grande esforço por apreender a alma de Jesus através das páginas inspiradas. A isto nos convida a Mãe de Jesus.

Diz São Lucas que Maria "conservava todas esta coisas no seu coração" (cf. Lc 2, 19), e isso estimula-nos a aprofundar sempre no conhecimento da pessoa de Cristo. No íntimo dessa pessoa, há a infinidade de Deus, e se nenhum homem jamais chegou a conhecê-la completamente, Maria avançou nesse conhecimento com todas as luzes que o Espírito Santo lhe concedeu. E o que Ela nos pede é algo humanamente mais fácil, embora não o pareça, por dispormos desse perfil traçado pelos evangelistas. Ou será que esperamos pela hora da morte para contemplar o Salvador tal como é? Ou ainda que esperamos por essa hora para que Maria "nos mostre o bendito fruto do seu ventre", que pela nossa incúria conhecemos vaga e superficialmente?

XVII. INTIMIDADE DA FÉ

Seria uma omissão grave não termos consciência de que a ciência mais nobre consiste em conhecer Jesus Cristo, que se nos revela pelo que deixou dito da sua pessoa, das suas obras e da sua mensagem. Devemos fazê-lo sob a luz do dom da fé, humildemente correspondido, como fez Maria: essa criança, mais tarde adolescente, e por último homem feito — é Deus!

Debruçar-se sobre o texto evangélico é começar por avivar a fé, é ver Deus humanado nos seus anos de vida oculta, no seu trabalho sem brilho na oficina de José, e, mais tarde, no seu ensino, no seu espírito de mansidão e humildade, no seu amor pelos homens que o levou ao oferecimento da sua vida pela sua paixão e morte. Jesus que cresce e trabalha, Jesus que é leal aos seus amigos, que tem fome e sede, que se cansa, que reluta e sofre ante a perspectiva da Cruz que o espera — esse Jesus é Deus! É Deus que nos resgata e nos mostra o caminho a seguir. Nele está toda a verdade. No mundo, não existe outra luz a não ser Ele.

O único caminho seguro é contemplarmos na oração, assiduamente, a humanidade de Cristo, é meditarmos nos passos que Ele dá, para acertarmos por eles os nossos. Cristo não se viu em conjuntura alguma pela qual nós não passemos ou tenhamos passado, nem nós nos veremos jamais em conjuntura alguma pela qual Cristo não tivesse passado. Procurar o seu rosto vivo nas páginas do Evangelho, sentir palpitar nelas o coração de Cristo é ir ao encontro de um Deus que nos acolhe: "Ele não quebrará a cana rachada nem apagará a tocha que fumega" (Mt 12, 20).

GRATIA PLENA

Pedimos a Maria que nos guie nessa busca do aprofundamento da nossa fé. Pedimo-lo Àquela que discerniu cada vez melhor em Jesus que ele era Deus. Particularmente na fraqueza da criança, descobriu os sinais de uma onipotência oculta. No ser tão pequenino que tinha diante de si, inteiramente abandonado aos seus cuidados, reconheceu com assombro que a criança que Ela criava era o Criador que a criara.

Poderíamos achar que essa descoberta lhe era fácil e como que natural. Seria esquecermo-nos de que foi exigido dEla um esforço constante para sobrepor-se aos sentidos e seguir a graça que a iluminava. A seu lado, outras pessoas encontraram Jesus, falaram-lhe frequentemente, viram-no viver, e não perceberam nEle nada de especial. Permaneceu para muitos um simples desconhecido e, para os habitantes de Nazaré, que conheciam a sua família, um motivo de incredulidade.

Não permitas, Maria, que Cristo permaneça um desconhecido para nós, alguém que encontramos incidentalmente ou a quem fomos apresentados numa reunião social. Ele não foi isso para ti desde o primeiro momento e progressivamente por uma fé crescente; foi o Deus do amor que nos visitou!

XVIII. INTIMIDADE DA ESPERANÇA

Quando o Arcanjo Gabriel revelou a Maria os planos de Deus, fez brotar nEla a imensa esperança de ter chegado a hora da salvação dos homens pelo Messias que se formaria no seu seio.

Em Nazaré, na intimidade com Jesus, essa esperança aumentou. Ao ver o seu filho crescer, não sentia somente a alegria da mãe que contempla o desenvolvimento do filho, mas a de ver aproximar-se o dia da salvação. Durante esses trinta anos, esperou no lugar daqueles que ignoravam quem era Jesus; esperou em nome de todos nós.

Aquela que era toda pura e toda santa não podia deixar de sentir frequentemente um abalo íntimo ao observar como certas vidas humanas se aniquilavam e se destruíam pelo pecado. Era testemunha de muitas misérias morais, que não lhe era possível remediar. Só lhe restava uma saída: esperar pela vinda do Salvador.

E essa esperança que as palavras do anjo tinham semeado nEla tornava-a impaciente por ver chegar o dia em que o seu filho começaria a cumprir a missão que o trazia à terra. A sua permanência junto de Jesus, durante esses longos anos de espera, devia incitá-la a mostrar discretamente ao seu filho, no silêncio de Nazaré, a sede ardente que os homens tinham de um libertador. Exprimia o que os outros não sabiam e, sobretudo, não podiam exprimir com tanta nobreza: o mais ardente desejo de uma purificação e de uma restauração moral da humanidade.

Quando Deus quer conceder os seus benefícios aos homens, suscita neles o desejo de os receber, e o Senhor quis que, na casa de Nazaré, Maria pudesse personificar esse desejo que prepararia a humanidade para abrir-se ao dom que lhe ia ser feito. Assim colaborou Ela na missão redentora do seu filho, muito antes de ter início a vida pública de Jesus. E essa colaboração seria prestada continuamente ao longo de trinta anos!

Por outro lado, pensemos que nada contribui mais para aproximar dois seres entre si do que a consciência de uma obra a realizar em comum. Certamente, a obra redentora devia ser cumprida por Cristo, mas Maria tinha consciência de nela trabalhar também, pelo seu zelo e esperança. A sua esperança era como que uma oração ininterrupta que contribuiria para a realização da obra redentora. E essa oração reforçaria poderosamente o clima de intimidade sem par entre filho e mãe: "Onde dois ou três se reunirem em meu nome, lá estarei eu no meio deles" (Mt 18, 20). Como essa promessa de Cristo se realizaria perfeitamente quando os que se reuniam para orar eram Jesus e Maria, ambos ardentemente ansiosos pela salvação e felicidade de todos os homens!

Nós pedimos a Maria que nos ensine a rezar e a esperar com um fervor igual ao seu. Essa esperança que Ela alimentou antes mesmo que o Salvador

XVIII. INTIMIDADE DA ESPERANÇA

conquistasse a salvação para a humanidade, hoje tem de ser renovada. Estamos cercados por um mundo em que o sangue derramado por Cristo parece ter-se tornado inútil. Parece-nos que o universo não melhora, que as mesmas faltas, as mesmas decadências e, às vezes, as mesmas monstruosidades, se não maiores, se repetem no correr dos séculos. A maldade não cessa de inventar novos meios para entregar-se ao mal. Diríamos que o homem não muda, que a fonte de graça secou e a água da Redenção desliza pelas pedras sem as empapar.

Tais pensamentos pessimistas são contrários à esperança cristã. No tempo em que Maria viveu, não eram menores as taras e os vícios da sociedade. Mas Maria não manifestou o menor sinal de desesperança. Não desconhecia o desvario a que podem levar as paixões e a insensatez de um mundo que perdeu o norte, mas tinha ao seu lado a presença de Jesus que lhe assegurava o que diria mais tarde: "Não temais. Eu venci mundo!" Duvidar dessa vitória seria duvidar da missão de Jesus, da eficácia da sua vinda a este mundo e do seu amor pelos pecadores.

Mãe nossa, inculca-nos, com a tua esperança, uma lição de inabalável otimismo. Devemos crer que a graça do sacrifício de Cristo derrotado na cruz é mais poderosa do que as forças do mal. Por maiores que sejam as devastações que o pecado provoca, o Salvador é o senhor da situação. Ceder ao pessimismo seria duvidar do seu poder.

Ensina-nos, Maria, o segredo da tua esperança, que consistiu em olhar antes para o teu filho —

GRATIA PLENA

promessa de uma nova juventude — do que em deter-se no espetáculo das desgraças humanas. Voltaremos o nosso olhar para Cristo, persuadido de que o que não pudermos fazer, o que for impossível ao homem, Ele o pode fazer.

Maria, quando estavas em Nazaré, a tua esperança já não se apoiava apenas numa promessa do Antigo Testamento; fundava-se numa *posse*. Possuías Jesus, e toda a humanidade o possuía por teu intermédio. Sabias que nunca mais Ele faltaria no mundo. Tornara-se um dos nossos. O futuro dos homens estava, portanto, infalivelmente assegurado.

Em nós também a esperança resulta de uma posse. Possuímos Cristo na terra. Nós o possuímos no sacramento da Eucaristia, pelo qual nos comunica a sua vida. Nós o possuímos pela vida da graça, que o faz habitar em nós. Que a nossa esperança se torne mais ardente!

Temos necessidade de contemplar o rosto sereno de Maria, "esperança nossa"!, que nos ensina a não pôr a confiança em nós mesmos. Tu, Mãe nossa, que esperaste com tanto ardor e perseverança na obscuridade da casa de Nazaré, sustenta a nossa esperança no meio das obscuridades da nossa vida. Que, por um amor crescente por Cristo, essa esperança se renove, com a convicção de que o Salvador nos fará triunfar de todas as dificuldades e das nossas próprias fraquezas!

Virgem cheia de esperança,

— faze crescer em nós a grande esperança cristã;

— ensina-nos a não confiar em nós mesmos, mas unicamente em Cristo;

XVIII. INTIMIDADE DA ESPERANÇA

— livra-nos da menor tentação de desencorajamento;

— estabelece-nos num sólido otimismo, que nos faça ter espírito de vencedores, seguros de que temos conosco a onipotência do Salvador.

XIX. À PROCURA DE JESUS

Em Nazaré, a vida de família seguia tranquilamente o seu curso, mas conhecemos por Maria a súbita emoção que lhe causou o desaparecimento de Jesus durante uma peregrinação ao Templo de Jerusalém. O menino tinha doze anos. Agora estava crescido, e sua Mãe sentia a satisfação de ver transparecer nele o adulto de amanhã.

Foi na volta que se deu o pequeno drama. Na tarde do primeiro dia da caminhada de regresso, esperou pelo filho numa parada para uns momentos de repouso. Não o vira durante o dia todo, mas não se inquietara porque estava moralmente segura de que o veria chegar com algum grupo de peregrinos. Mas foi-lhe preciso admitir a evidência: Jesus não aparecia. Entre os seus amigos e conhecidos, ninguém o vira.

Podemos imaginar que naquela noite Maria não conseguiu conciliar o sono. Certamente, tinha confiança no seu filho, que já tinha idade para movimentar-se por si mesmo. Mas os imprevistos acontecem e o desassossego tomou conta dela. No dia seguinte, pela manhã, retomou com José o caminho inverso em direção a Jerusalém. Andava depressa, mas desta vez não se sentia transportada de alegria, e sim oprimida pela angústia. Tinha diante dos olhos o rosto do filho, e cada vez que se cruzava com um grupo e não o encontrava entre eles nem recebia nenhuma informação de que o tivessem visto, a sua inquietação aumentava. Assim transcorreram três penosos dias.

Ao terceiro dia, Maria e José foram ao Templo, na disposição de confiar ao Senhor a sua aflição e também com a esperança de ali descobrir Jesus. Foi grande o choque quando o viram lá. Estava sentado entre os doutores, ouvindo-os e interrogando-os. Muda de espanto, Maria contemplou durante algum tempo aquela cena. A sua inquietação transformou--se em alegria, e a esse sentimento acrescentou-se uma íntima satisfação ao notar a admiração que as palavras de Jesus despertavam.

Mas nem por isso Maria, como boa mãe, deixou de aproximar-se do filho e de perguntar-lhe em tom dorido: "Meu filho, que nos fizeste? Eis que teu pai e eu te procurávamos cheios de aflição" (Lc 2, 48). Não o repreende, mas quer saber o porquê, Certamente pressentia que a conduta de Jesus devia ter algum motivo secreto, mas Ela desconhecia-o.

"Por que me procuráveis? — respondeu Jesus. — Não sabíeis que devo ocupar-me das coisas de meu Pai?" (Lc 2, 49). Nem Maria nem José apreenderam imediatamente o sentido da resposta, mas Maria guardou-a no coração. Pelas circunstâncias do episódio, viu que as palavras do filho exigiam dEla uma reflexão para procurar descobrir o que de início lhe pareceu desconcertante.

Notou que o seu filho de modo nenhum se desculpava do sofrimento que lhe causara. Agira deliberadamente. Não se arrependia do que fizera, mesmo depois de ter visto o rosto da Mãe ainda transtornado

XIX. À PROCURA DE JESUS

pela emoção. Provocara propositadamente esse pequeno drama.

Podemos compreender que, estando no Templo, Jesus ali quisesse demorar-se. Entrara na casa de seu Pai: sentia-se, portanto, em casa. Ele, que só vivia para o Pai, não tinha maior alegria do que encontrar-se na sua presença. Quis, pois, daquela vez, prolongar o encontro com o Pai, com quem afinal dialogava em oração, ao mesmo tempo que dialogava com os doutores. Poderiam estes surpreender-se e maravilhar-se da sabedoria das suas respostas, nessa primeira ocasião em que, já no uso da razão, visitava o Templo consagrado ao culto do Pai?

Mas esse desejo de deixar-se ficar em casa do Pai não explicava todo o seu procedimento. Que lhe teria custado prevenir os pais ou mandá-los avisar de que não os acompanharia na viagem de regresso? Teria assim evitado facilmente toda a angústia que iria causar.

Jesus amava Maria, e teria feito tudo para lhe poupar algum sofrimento. Mas nos desígnios da Providência, esse sofrimento devia ser-lhe imposto como preparação para o grande drama que teria lugar vinte anos mais tarde. No Calvário, o seu filho deixá-la-ia de uma maneira ainda mais trágica. O que se passou no Templo era, pois, figura do sacrifício redentor. Por isso podemos dizer que a Virgem só veio a compreender plenamente esse episódio e a resposta de Jesus depois de ter acompanhado o drama da cruz.

Antes de viver este segundo drama, Maria verificou que ocorrera no mesmo lugar onde, doze anos antes, apresentara o seu filho ao Senhor. Tinha então reconhecido o direito absoluto do Pai sobre o seu filho; sabia que Jesus pertencia inteiramente a Deus, para tudo o que a Providência decidisse. O Pai acabava de pedir-lhe que se desprendesse da presença do seu Filho no mesmo lugar onde então o havia oferecido.

Como doze anos antes, Maria não protestou nem se queixou ao Senhor. Assim como não recuara ante a profecia de Simeão, agora conformava-se inteiramente com a aflição daquela ausência sem explicação. Sem nada compreender do mistério escondido na resposta de Jesus, estava persuadida de que Jesus fugira dEla por vontade de Deus. Aceitou e ofereceu a angústia que a oprimira, como também a alegria que se lhe sucedeu.

O episódio mostra-nos que uma estreita união com Cristo só se realiza dentro da perspectiva da cruz. Qualquer existência ligada a Jesus é, por isso mesmo, destinada à provação, que finalmente termina na alegria maior do reencontro.

Hoje, devemos ter uma enorme ânsia de procurar Cristo, como Maria. Por nossa culpa, que Maria não teve, perdemo-lo de vista por mil insignificâncias que no momento nos parecem imperiosas. Trocamos pelo imediato o essencial e o que dá sentido e unidade ao nosso existir e labutar. Mas podemos ter a certeza de que, se não sufocarmos dentro de nós o anseio da presença de Cristo que, mesmo sem muita consciência, palpita no nosso íntimo mais íntimo, acabaremos por encontrá-la. Aliás, como diz Pascal, procurar Cristo já é encontrá-lo: "Não me procuraríeis

XIX. À PROCURA DE JESUS

se não me tivésseis encontrado". Se saímos à busca do seu rosto e do seu coração, é porque Ele, muitíssimo antes de nós, já saiu à nossa procura. Esta é a nossa esperança, que não defrauda.

Não se trata de procurá-lo somente no Templo e, evidentemente, no sacramento da reconciliação[1]. Quantos não o encontraram onde menos imaginavam que estava! Na conversa fortuita com um amigo, num benefício inesperado, num desgosto, nas incidências do trabalho diário, no exemplo heroico de dedicação da esposa, num doente sem cura possível... É nos refolhos da vida ordinária que muitas vezes encontramos as pegadas desse Deus que procuramos e que nos procura. É o encontro alegre de duas pessoas que se procuravam.

Mãe inseparável de Jesus,

— divide conosco o teu ardor em procurar Cristo;

— faze-nos compreender que Deus é um "Deus escondido" no Sacrário e nas vicissitudes da vida corrente;

— partilha conosco a tua alegria ao encontrá-lo e tê-lo novamente conosco no convívio da vida diária, onde mais e mais se deixará procurar e encontrar.

---

1 "Confesse-se e acreditará", dizia o Cura d'Ars a um personagem que lhe dizia não ter fé para tanto. Confesse-se e desaparecerão os pecados que agora são um véu, um tapume que lhe escondem Deus.

XX. A ORAÇÃO DE CANÁ

No início da vida pública de Jesus, Maria esteve nas bodas de Caná, como também o seu filho. Aliás, foi certamente porque Ela iria estar presente nessas núpcias que Jesus e os seus discípulos também foram convidados. Maria atrai e introduz o seu filho. Como diz Paulo VI numa homilia natalina, "procurai Jesus e encontrá-lo-eis no regaço da sua Mãe".

Como se preocupava com o bom andamento da festa, Maria verificou que o vinho começava a escassear. Desenhava-se uma situação muito embaraçosa. Havia o perigo de se ter de pôr fim ao banquete quando a festa ia a meio. E os esposos ficariam cobertos de confusão e seriam alvo de comentários desprimorosos. Mas como comprar mais vinho, e com urgência, se os esposos, que não deviam ser ricos e talvez por isso tivessem feito uma provisão demasiado justa, certamente já tinham gasto todas as suas economias?

Maria olhou para Jesus e, aproximando-se dEle, limitou-se a dizer-lhe com toda a simplicidade: "Já não têm vinho" (Jo 20, 29).

Essa atitude manifesta os sentimentos que, durante os trinta anos de Nazaré, tinham crescido nEla e chegado à plena maturidade: os sentimentos de fé e de esperança. Aquele filho que nada possuía, nem bens, nem mesmo uma pedra onde reclinar a cabeça e muito menos uma casa, como poderia arranjar vinho senão fazendo uso de um poder extraordinário? Até aquele momento, o seu filho nunca fizera nada que saísse do normal, nem mesmo para tirar os seus da situação apenas remediada, sem maiores confortos, em que viviam. Por isso o mérito de Maria em Caná consistiu em ter exposto a Jesus uma necessidade, que no fundo envolvia o pedido de um milagre, quando ainda não o tinha visto fazer nenhum.

De onde lhe veio esse atrevimento? Da sua fé. Sabia que o seu filho fora gerado nEla por intervenção do poder divino e que Ela partilharia desse poder num reinado sem fim: por conseguinte, nada lhe podia ser impossível. E foi a esse poder divino que recorreu. Como se manifestaria? Não tinha a menor ideia, mas deixa a Jesus o cuidado de determinar de que modo o faria.

É assombrosa a grandeza da sua fé. A fé dos discípulos seguir-se-á ao milagre, a de Maria precede-o. Não tem necessidade de ver para crer. A Ela se aplica em primeiro lugar a palavra que Cristo pronunciaria mais tarde: "Bem-aventurados os que não viram e creram!" (Jo 20, 29).

No entanto, a sua confidência ao filho recebe um acolhimento que não é dos mais encorajadores: "Mulher — responde Jesus que temos tu e eu a ver com isso? A minha hora ainda não chegou". O Salvador afirma claramente a distância que, desde o começo da vida pública, o separa dEla. Em Nazaré, Maria podia pedir alguns serviços ao seu filho e Ele os prestaria de boa vontade, porque era seu dever contribuir para a manutenção do lar. De agora em diante, porém, essa intimidade termina e Jesus vai cuidar de outros deveres

XX. A ORAÇÃO DE CANÁ

a serviço do Pai, no exercício do ministério apostólico. Devia, portanto, conformar-se com as diretivas do seu Pai e não com os desejos da sua mãe.

Jesus acrescenta que, conforme a vontade divina, ainda não chegara a hora do que seria o seu primeiro milagre (cf. Jo 2, 1-11). O Pai determinara outra ocasião para que se realizasse. Esse momento tinha grande importância, porque seria um dos modos de Cristo começar a revelar-se na sua condição de Messias e Filho de Deus. Como todos os momentos da Revelação, esse fora especialmente escolhido pelo Pai. Não era nas bodas de Caná que deveria manifestar-se.

Estava aí o maior obstáculo para Maria se ver atendida. Que fazer se a vontade divina decidira colocar em outro lugar e mais tarde o primeiro milagre? Qualquer um de nós teria perdido a coragem diante dessa resposta. Mas seria não conhecer bem Maria e a sua oração pensar que Ela se ia conformar. A sua fé não se deixou abater. Não estava o Antigo Testamento cheio de exemplos em que Deus, depois de ter manifestado uma decisão, voltara atrás por causa da oração do homem?

Com nova audácia, verdadeiramente surpreendente, Maria dirigiu-se aos servos: "Fazei tudo o que ele vos disser" (Jo 2, 5). Por aí mostrava que a pronta recusa de Jesus não a impedira de esperar a intervenção do filho: Ele encontraria uma maneira de fazê-lo, Ele a quem os anjos iriam servir e que detinha todo o poder no céu e na terra. Assim como respeitava os planos divinos, respeitava a liberdade de Jesus. Limitou-se, pois, a dizer aos servos que fizessem o que Ele lhes mandasse, sem inquirir o que seria: era Ele o dono da situação e Maria só pediu aos servos uma obediência integral.

A resposta de Jesus chegou, magnífica. Maria foi ouvida além do que pedira. A quantidade de vinho que Cristo miraculosamente forneceu foi muito superior às necessidades imediatas do banquete. E foi servido um vinho bem melhor do que o primeiro.

Possamos nós tirar deste episódio uma convicção mais fervorosa da eficácia das orações em que pedimos ao Senhor que nos ajude e nos livre. E se lhe pedimos algum favor extraordinário e Ele nos parece pouco inclinado a concedê-lo, não devemos perder o ânimo. O Senhor é mais solícito em dar do que nós em receber.

O que nem sempre Ele nos mostra é de que modo nos vai dar. Às vezes, pode atender-nos desatendo-nos... É que, como em Caná, nos quer dar, ainda que isso frustre os nossos desejos, um bem muito melhor do que aquele que lhe suplicamos, como faz um pai que não dá ao filhinho a faca que este lhe pede, mas um carrinho de criança...

Confiemos na oração de Maria, que em Caná arrancou de Deus nada menos que uma mudança de planos. É claro que Deus tinha previsto essa mudança e, propriamente, não alterou nada, mas antecipou. Diz o evangelista: "E os discípulos creram nele" (Jo 2, 11). Começaram mais cedo a vida de fé. Não era algo que entrava nos planos de Deus, independentemente da cronologia?

XXI. MEDIANEIRA

No episódio de Caná, revela-se o papel de medianeira, isto é, de intermediária entre o Senhor e nós que Deus atribuiu a Maria para conceder-nos e distribuir-nos as suas graças.

Poderíamos pensar que o seu papel de mãe se limitaria ao que diz respeito à vida privada e escondida de Jesus. E esse papel já seria por si mesmo de grande importância. Depois de ter dado à luz o Salvador, competiu-lhe educá-lo, ensinar-lhe tudo o que as mães ensinam ao filho, para prepará-lo para o futuro. Durante os anos de Nazaré, Jesus beneficiou-se da influência de Maria e a sua alma sempre mostrará traços de afinidade com a dEla. Tanto no seu corpo como no seu coração, conservou para sempre uma profunda semelhança com Ela.

A tarefa de Maria, porém, não terminou com o início da vida pública de Jesus; devia prosseguir em toda a sua obra. Foi justamente este aspecto que o episódio de Caná veio ressaltar. Daí em diante, Maria começaria a grande função que exerceria aqui e acolá na terra e de modo contínuo no céu: a de intercessora junto do Senhor pelos seus outros filhos que somos nós.

A cena da Visitação já no-lo revelara: fora por seu intermédio que Cristo viera a Isabel. As circunstâncias em Caná salientam e ilustram ainda mais essa mediação. Naquela festa de bodas, vemos Maria

GRATIA PLENA

adiantar-se. Os esposos não percebem o perigo que ameaça a festa, e é Maria que toma espontaneamente a iniciativa de procurar sanar o descuido dos que a cercam. Enquanto todos participam despreocupadamente da festa, tem o cuidado de velar por eles.

Por que essa vigilância, senão porque tem um coração de mãe para com todos os homens? Esse coração materno deu-se a conhecer em Caná. Desde então, sabemos que alguém vela por nós ininterruptamente e se encarrega de suprir as nossas inadvertências. Tantas vezes ameaça-nos algum perigo que desconhecemos. Em outras ocasiões, somos imprevidentes como os esposos de Caná; por uma razão ou por outra, com maior ou menor culpa, encontramo-nos à beira do abismo sem dele termos consciência. Certamente, há a divina Providência que nos protege com um zelo admirável e onipotente. Mas essa Providência quer que Maria também esteja presente com a sua solicitude materna. Se esteve presente em Caná, foi porque o Senhor para ali a levou, a fim de ser desde aquele momento *a expressão materna da divina Providência.*

Como expressão da Providência, que tantas vezes intervém sem se mostrar, permaneceu escondida. Agiu tão discretamente que nem os esposos nem os convidados tomaram conhecimento da sua conversa com Jesus. O próprio encarregado do banquete se espantou quando viu que os servos serviam — já no meio da festa, quando o paladar perdeu sensibilidade — o melhor vinho cuja procedência desconhecia e que, em seu entender, deveria ter sido servido no começo.

XXI. MEDIANEIRA

A nossa Mãe é "advogada nossa" em todas as dificuldades que nos envolvem. No dizer de muitos autores, Ela é a "onipotência suplicante". Não é porque tenha poderes divinos ou substitua Deus, que é o único Onipotente. O poder que tem é o de dirigir-se em súplica ao seu divino Filho, à Santíssima Trindade, de quem é Filha, Esposa e Mãe, numa relação única que a faz ser atendida com o afeto e prontidão com que foi ouvida em Caná. Se obteve o primeiro milagre de Jesus, que pode impedi-la de obter outros? Sabe *por experiência* como é verdade o que lhe dissera o Arcanjo Gabriel: "Para Deus, nada é impossível" (Lc 1, 37).

Há três aspectos que nos animam a invocar Maria com imenso fervor e confiança.

A primeira é que Deus se dispôs a mudar os seus planos a um pedido da sua Mãe, mesmo quando parecia não querer atendê-lo. Em Caná, a hora ainda não chegara, e isso parecia uma muralha inexpugnável. Mas o Pai do céu também previra que, se Maria intercedesse, seria atendida e a hora do milagre seria antecipada. Nos seus planos, Deus dispusera as coisas de tal sorte que, por decisão da sua soberana bondade, Ele se conformaria com a vontade de Maria. Daí em diante, até mesmo a vontade do Pai, por assim dizer, não poderia resistir-lhe. Foi-lhe dado um admirável poder sobre o coração do seu filho e por Ele sobre o do Pai do céu. E um poder para que o exercesse em nosso proveito. Se Maria é onipotente sobre o coração de Deus, essa onipotência pertence àqueles a quem recorrem a Ela.

Em segundo lugar, a narração do Evangelho sobre o que se passou em Caná faz-nos também

GRATIA PLENA

compreender que Maria está disposta a intervir mesmo que seja para nos obter favores bem pequenos. Não hesitou em pedir um milagre para arranjar vinho para uma festa. O episódio mostra que está atenta às mínimas necessidades dos homens, que se preocupa com os mais insignificantes detalhes da nossa vida e favorece as nossas menores alegrias, como boa mãe que é.

Por último, vemos que, no seu papel único de medianeira, Maria quer revelar Cristo e dá-lo ainda mais à humanidade. Quando se aproximou de Jesus para pedir o milagre, não pensava somente na necessidade de garantir o bom andamento do banquete de núpcias. Queria com o mais ardente desejo que, por um benefício miraculoso, o seu filho revelasse a sua identidade de Salvador. Desejava que Ele começasse a ficar conhecido e nEle acreditassem. Alegrou-se com esse milagre porque por ele, como conclui o evangelista, Jesus "manifestou a sua glória e os seus discípulos creram nele" (Jo 2, 11).

Pela sua mediação, Maria quer mostrar-nos e dar-nos o seu filho, para que nos afeiçoemos mais firmemente a Ele na fé e no amor. Tudo o que fazes, Maria, termina em Cristo.

XXII. A PREPARAÇÃO PARA O CALVÁRIO

A preparação de Maria para a subida ao Calvário começou muito cedo. Podemos dizer que teve início na sua alma desde a profecia de Simeão. Depois de ouvir a predição da espada de dor que a trespassaria, a Virgem já não podia olhar para o seu filho sem pensar nesse terrível desfecho. A espada fora-lhe anunciada para o futuro; na realidade, porém, enterrou-se no seu íntimo ao mesmo tempo que as palavras do inspirado ancião.

Habitualmente, o Senhor não revela de antemão os sofrimentos que cada um deverá suportar. Não torna patentes a uma mãe todos os sofrimentos e todos os sacrifícios que lhe custará um ou outro dos seus filhos, e menos ainda alguma desgraça irremediável que lhe possa sobrevir. No caso de Maria, fez uma exceção com trinta anos de antecedência.

O motivo dessa revelação é que, desde o começo da vida de Jesus, Maria devia estar orientada para o sacrifício redentor. O Verbo fez-se carne em vista desse sacrifício; veio a este mundo para a hora da Paixão: "Foi para isso que vim a esta hora", declara Ele (Jo 12, 27). E a vontade divina era associar intimamente a sua Mãe à vida do Salvador. Por isso, Deus fez de toda a vida de Maria uma subida, com Jesus, passo a passo, até o longínquo Calvário.

Toda a alegria que a Virgem experimentava durante os anos de Nazaré, ao ver Jesus crescer "em sabedoria, idade e graça diante de Deus e dos homens" (Lc 2, 52), era acompanhada de um aperto no coração ante a visão do futuro descrito por Simeão. A intimidade de Nazaré estava definitivamente colocada nessa perspectiva. Ao contemplar e admirar o seu filho, quantas vezes não se lembraria das misteriosas contradições de que esse filho seria alvo! Não tinha nem mesmo o refúgio que nos está sempre aberto quando tememos alguma desgraça: pensar que essa infelicidade pode ser evitada, que não acontecerá necessariamente. Sabia que nada impediria o cumprimento da profecia de Simeão e que o futuro havia de ter realmente o caráter inexorável que têm as profecias sagradas.

Maria nada disse a pessoa alguma desses pensamentos que a perturbavam. Com Jesus, guardou silêncio a esse propósito. Não era necessário que falasse disso com o filho para que ambos pensassem nessa tragédia.

As suas aflições começaram nos três dias em que Jesus permaneceu no Templo sem avisar os pais. Anos depois, veio a separação: Cristo deixava a companhia da mãe para entregar-se em cheio à sua missão junto dos homens. Era uma missão que a deixava feliz, porque se aproximava o dia da salvação, mas que lhe doía porque sabia que devia culminar num drama de sofrimento e morte.

As primeiras oposições que surgiram em torno do novo Mestre não poderiam tomá-la de surpresa. Segundo a profecia de Simeão, Jesus começava a

XXII. A PREPARAÇÃO PARA O CALVÁRIO

tornar-se um sinal de contradição. Era uma contradição que tomava corpo entre os próprios familiares, já que os primos de Jesus se recusavam a crer nEle. Essa recusa era bem difícil de suportar, porque partia de pessoas a quem amava de modo especial e com quem tinha um contato diário. A incredulidade desenrolava-se perto dEla.

Quando, naquele dia de sábado em que, na sinagoga de Nazaré, Jesus fez a leitura de um trecho do livro de Isaías e explicou o sentido da passagem aplicando-a a si próprio, Maria devia encontrar-se entre os assistentes e partilharia da grande alegria dos ouvintes ante a segurança e domínio do seu filho ao comentar o texto sagrado: "Todos os ouvintes — conta-nos o Evangelho — estavam admirados por causa das palavras cheias de graça que saíam da sua boca" (Lc 4, 22). Era de esperar que essa admiração abrisse o coração dos habitantes de Nazaré à mensagem trazida por Jesus. Logo, porém, explodiram as censuras e as críticas entre os circunstantes. A incredulidade que, já naquele começo da vida pública, se manifestou na cidade onde Jesus vivera tanto tempo, tomou acentos acerbos e virulentos. A tal ponto que, quando Jesus disse: "Em verdade vos digo que nenhum profeta é bem recebido na sua pátria" (Lc 4, 24), coisa evidente naquelas circunstâncias, desencadeou-se uma reação de ira. "Na sinagoga — continua o evangelista —, encheram-se todos de furor. E, levantando-se, lançaram-no fora da cidade; conduziram-no até o alto da colina sobre a qual estava construída a cidade, e queriam precipitá-lo dali" (Lc 4, 28-29). Mas o alívio que Maria sentiu ao ver Jesus passar pelo meio dos seus perseguidores e retirar-se só podia ser provisório. Desde aquele dia, só podia viver sempre em alarme.

Quando começaram a chegar aos seus ouvidos os ecos das conspirações de morte que os fariseus tramavam sobre o seu filho, percebeu melhor que ninguém o perigo que realmente constituíam. Deus dispôs as coisas de tal maneira que, mesmo durante a vida pública, Jesus se encontrasse a maior parte do tempo longe dEla, mas estivesse associada o mais de perto possível à angústia da Paixão que se aproximava.

O drama do Calvário não foi, portanto, para Maria um acontecimento imprevisto. Deus preparou-a para ele muito tempo antes e de modo cada vez mais doloroso. Às vezes, imaginamos que a sua vida, antes da tragédia da cruz, se passou tranquilamente na rotina sossegada das ocupações domésticas. Na realidade, Deus a fez viver muito antes a tragédia final.

Não devemos pedir-lhe que nos obtenha um pouco da sua fortaleza para encararmos com paz os inevitáveis contratempos da vida diária? Se os virmos à luz de um plano maior, como caminho para uma entrega completa como foi a de Maria ao pé da Cruz, não nos irritaremos, não perderemos os nervos nem descarregaremos ondas de bílis sobre a família e os próximos. E quando, se Deus assim o permitir, vier uma cruz maior que nos atinja mais duramente ou atinja os seres queridos, estaremos preparados para aceitá-la com o abandono sereno com que Cristo, assistido por sua Mãe, entregou o seu espírito às mãos do Pai.

XXIII. CORREDENTORA

O Evangelho só nos dá uma única indicação a respeito da participação de Maria no sacrifício redentor de Jesus: menciona simplesmente a sua presença ao pé da cruz. "Junto à cruz de Jesus — escreve São João —, estavam de pé sua mãe [...]" (Jo 19, 25).

Foi Maria quem quis estar junto do seu filho naquele momento terrível. Quando soube que Jesus voltara à Judeia e ali arriscava a vida, só teve um desejo: estar perto dEle no perigo. Foi a Jerusalém para arriscar-se com Ele e solidarizar-se com a sua sorte, naquele drama final.

Mas não o fez somente arrastada pelo amor materno. Muito mais que na Visitação, por assim dizer, guiou-se pelo Espírito Santo, que a inspirava a estar presente no momento em que o seu filho consumaria a obra redentora. Se sempre acompanhara o filho, de perto ou de longe, iria faltar-lhe com a sua presença física, quando dela necessitaria muito mais que em Nazaré?

Podemos conjeturar que os familiares e conhecidos que a cercavam se esforçaram por impedir que fosse a Jerusalém para acompanhar o filho num momento tão doloroso para um coração de mãe. Mas Maria foi, sabendo o que a esperava. À semelhança do filho que, "tendo amado os seus, amou-os até o fim" (Jo 13, 1), não quis nem podia ficar longe. Seguiu o filho em

GRATIA PLENA

todo o percurso até o Calvário. Depois, viu como o despiam, como lhe enterravam os cravos nas mãos e nos pés, no meio de zombarias e insultos, como o suspendiam da cruz até que morresse.

Que fez Ela? Que podia fazer? Nada. Simplesmente "estava de pé junto da cruz". O evangelista não nos diz que se lamentasse, que se contorcesse de aflição, que corresse de um soldado para outro, suplicando compaixão. Apenas *estava*, e *de pé*. A explicação dessa atitude serena, sem histerismos, só podia ser uma: o reconhecimento, à semelhança do seu filho, da vontade do Pai do céu, a quem era preciso oferecer--se num aceitação silenciosa.

Uniu, pois, a sua oferenda materna à oblação que Cristo fazia de si mesmo. Impressiona verificar que as primeiras palavras de Jesus do alto do madeiro não foram para si, mas em pedido de perdão pelos que o faziam morrer sem ter consciência do que faziam. Um pouco antes, na subida do Calvário, tivera já a mesma atitude: ao cruzar-se com as mulheres que batiam no peito e o lamentavam, disse-lhes: "Filhas de Jerusalém, não choreis por mim, mas chorai por vós mesmas e pelos vossos filhos" (Lc 23, 28). Maria foi mártir sem morrer. E pela mesma causa de tanto derramamento de sangue: o perdão e o resgate das falhas humanas, antigas, atuais e futuras.

A Virgem associou-se a essa intenção divina. Por isso lhe damos o título de *Corredentora*. Não derramou sangue, mas essa não é a única expressão do sacrifício. Não vemos tantas mães que bem gostariam de trocar de lugar com um filho, menino ou adolescente, atacado de um mal incurável? Quanto

XXIII. CORREDENTORA

não daria Maria, se Deus lhe permitisse passar para Ela os sofrimentos do filho?

Maria colaborou estreitamente com Jesus para, junto com Ele, apresentar ao Pai a mesma oblação e com os mesmo efeitos redentores. Já resgatada por Jesus, graças ao privilégio da Imaculada Conceição, que recebera em previsão dos méritos do sacrifício da Cruz, podia cooperar com Ele no resgate dos outros homens.

Naquele momento crítico, a sua fé permaneceu intacta. Ela fora a primeira a crer em Cristo, e continuou a crer, e até com mais ardor, na hora das trevas. A escuridão que envolvia a cruz não podia ofuscar a luz que brilhava no seu coração, firmemente ancorado nas palavras do anjo. Os discípulos ficaram descoroçoados com a prisão do Mestre e o desfecho do processo: não podiam imaginar que as perspectivas abertas por Ele o levassem a ser condenado e executado como um malfeitor. E debandaram. Maria, porém, permaneceu de pé, inabalável. Foi o momento cume da sua fé. E essa fé dizia-lhe que, através do fracasso humano de Cristo, Deus decretara o único meio de vencer o pecado.

Ao pé da cruz, a Virgem também não perdeu a esperança. É verdade que tinha diante dos olhos a condenação e a execução de Jesus. Dir-se-ia ter sido inútil toda a sua pregação: a multidão revoltara-se contra Ele, sob a instigação dos fariseus; os discípulos tinham desertado; os inimigos gloriavam-se do seu triunfo. Toda a obra empreendida por Cristo parecia definitivamente comprometida. Maria, porém, perseverou na sua esperança contra todas as aparências. Sabia que Deus não volta atrás nos seus planos. Se não sabia como Ele o faria, sabia, sim, que os obstáculos humanos não o impedem de os saltar. Sabia e não esquecia o que o Anjo lhe dissera: "Para Deus não há impossíveis", mesmo que se leve à morte o seu Filho.

No Calvário, Maria personificou a fé e a esperança cristãs. Acreditou em nome dos que eram tentados a abandonar a fé; esperou em nome dos que se inclinavam para o desespero. Creu e esperou em nome de todos aqueles que, mais tarde, se prenderiam à cruz do Salvador com toda a força da fé e da esperança. Em Maria formaram-se a fé indefectível e a invencível esperança da Igreja. E de cada um de nós.

Quando sofremos, somos tentados a fechar-nos na tristeza do nosso pequeno horizonte individual. Deixamo-nos facilmente obcecar pelas nossas preocupações. Maria, porém, ensina-nos outra coisa: que tudo o que nos faz sofrer deve abrir-nos e não fechar-nos ao que é o sentido último das nossas dores, do nosso Calvário. A Cruz é Cristo de braços abertos para nos acolher e acolher os nossos próximos que sofrem.

Se pudéssemos, Maria, à tua semelhança, ter diante dos olhos aqueles a quem amamos e por cuja felicidade queremos sofrer, a nossa oblação do que nos machuca é feita com mais fervor. Alargamos o nosso horizonte e sentimos a secreta alegria de sofrer por outrem, de sofrer pelas almas que têm necessidade de redenção e de salvação, de sofrer em união íntima com Cristo por uma humanidade melhor.

Maria, Tu foste Corredentora, associada de maneira única e excepcional à Paixão do Salvador, para nos

XXIII. CORREDENTORA

lembrar a grande verdade de que nós também somos chamados a cooperar na redenção. Cristo não quer carregar sozinho a cruz; ficou feliz por encontrar em Maria a perfeita companheira. Que se alegre de encontrar-nos prontos para receber a cruz, sem queixas, com fé, esperança e vontade de contribuir para a salvação de todos!

XXIV. "MULHER, EIS AÍ O TEU FILHO!"

Pouco antes de entregar a alma às mãos do Pai, o Salvador dirigiu a Maria esta palavra: "Mulher, eis aí o teu filho!" (Jo 19, 26).

Com isso, queria dizer-lhe, em primeiro lugar, que chegara o momento de a sua Mãe fazer a derradeira oblação. Ia perder o seu filho, já que recebia outro em seu lugar. Era o próprio Jesus quem lhe pedia o sacrifício e lhe indicava a finalidade: devia separar-se do seu filho único a fim de tornar-se mãe de outros filhos.

Efetivamente, do alto da cruz, Cristo proclamava a maternidade espiritual de Maria para com todos os cristãos, porque João, o discípulo amado, que lhe era especialmente confiado na qualidade de filho, representava todos os discípulos. Como sinal do seu amor por nós, o Salvador tornava-a nossa mãe. No seu pensamento, no seu olhar que percorria os séculos, todos nós estávamos presentes e, designando-nos a cada um, dizia-lhe: "Mulher, eis aí o teu filho!"

Essa proclamação da maternidade de Maria vinha como que coroar a sua oblação. Fora por todos os homens que apresentara ao Pai do céu o sacrifício do seu filho; era por causa de cada um de nós que imolava no Calvário a sua afeição materna. No sofrimento, o seu coração dilatara-se até alcançar as

GRATIA PLENA

dimensões da humanidade. Ei-la tornar-se de repente, ao pé da cruz, mãe de todos os homens.

Essa nova dimensão da sua maternidade acabava de lhe custar um imenso sacrifício, maior do que a maternidade para com Jesus. Recebe os seus novos filhos na dor, e na dor mais intensa. Recebe-o numa dor que não experimentara ao dar à luz o Filho do Altíssimo.

O que o Salvador desejou foi que, ao ocuparmos o seu lugar junto da sua Mãe, Ela nos amasse com o mesmo amor com que amara o seu filho único e transferisse para nós a afeição que lhe dedicara. Desejou que passasse a fazer por nós o que fizera por Ele. Tendo vivido tanto tempo em intimidade com Maria, sentira, por experiência própria, a felicidade de a ter por mãe. Fora para Ele a mãe perfeita: mãe inteiramente pura, de uma pureza virginal; mãe de uma santidade irrepreensível, de quem podia imitar todos os gestos; mãe amorosíssima, de um amor que se revelava no menor dos seus gestos. Esse tesouro único, Jesus não o quis reservar exclusivamente para si. Era preciso que todos os homens nos enriquecêssemos com ele. Era necessário que todos aprendêssemos a conhecer essa mãe única e nos beneficiássemos da sua santidade e do seu amor.

Maria é mãe dos cristãos em tudo o que diz respeito à vida da graça. Na nossa existência de cristãos, nada está fora do alcance da sua influência materna: todas as graças nos são dadas por suas mãos e pelo seu coração de mãe. Ela não é a causa dessas graças, porque vêm de Deus; está, porém, encarregada de as fazer chegar até nós como o aqueduto — na

XXIV. "MULHER, EIS AÍ O TEU FILHO!"

belíssima expressão de São Bernardo — nos traz a água com que matarmos a sede. Se foi por Maria que recebemos o Verbo feito carne, seria estranho ou exagerado pensar que o desígnio divino fazia de algum modo conveniente e mesmo necessário que por Maria conhecêssemos "o dom de Deus" — Jesus Cristo — que nos traz as águas que saltam até a vida eterna?

Pelo Batismo, tornamo-nos filhos de Deus, à semelhança de Cristo. Ora, Jesus era inseparavelmente Filho de Deus e filho de Maria; a sua natureza humana fora formada ao mesmo tempo por Deus e por Maria. Portanto, se Jesus possuía essas duas filiações, indissoluvelmente unidas, cada cristão, ao tornar-se filho adotivo de Deus, torna-se igualmente filho adotivo de Maria. No momento do batismo, estabelece-se um vínculo especial de filiação com Maria. Maria coopera com Deus na geração de cada cristão, como cooperou com Ele na geração de Jesus.

A Virgem é, pois, nossa mãe desde que fomos batizados. Desde a nossa mais tenra infância, vela com solicitude materna pela vida da nossa alma. Demoramos a percebê-lo, porque habitualmente a criança não percebe todos os vigilantes cuidados de que é cercada. Mas a verdade é que, cada vez que recebemos uma graça do Senhor, ela nos é trazida com a marca do amor da nossa Mãe. Como não devemos estar agradecidos por Deus ter disposto que as suas graças nos alcançassem, não como as mercês que um rei faz aos seus súditos, com a magnanimidade fria da esmola que lança a esmo à sua passagem pelos pedintes, mas com o carinho personalizado que uma

GRATIA PLENA

mãe dedica a cada filho! Maria traz-nos, com a graça do alto, o rosto afetuoso de Deus-Pai, de um Deus que, em Maria, *tem coração de mãe.*

Esse toque materno que a mão de Maria imprime à ação de Deus não podia deixar de ser exercido com uma certa predileção nas dificuldades que nos assaltam. A Virgem é invocada como a *Consoladora dos aflitos* e o *Refúgio dos pecadores.* Esses títulos são equivalentes ao seu nome de mãe. A mãe preocupa-se de consolar os filhos nas tristezas, de cuidar especialmente dos que sofrem de alguma limitação física ou mental[1] e, quando algum deles deu um tombo na vida, Ela oferece-lhe um refúgio de perdão que signifique um recomeço. Quando Cristo nos deu Maria por nossa mãe, pensava em todos os enjeitados, em todos os atribulados deste mundo, porque Ele mesmo estava angustiado.

Portanto, não há uma só dor humana que deixe insensível o coração materno de Maria. Ela soube por experiência própria até onde pode chegar o sofrimento. E sofre sobretudo com a desgraça do pecador e esforça-se por recolocá-lo no caminho reto. Ela é Mãe de misericórdia, reflexo perfeito da misericórdia de Deus.

---

1 "Minha Mãe! As mães da terra olham com maior predileção para o filho mais fraco, para o mais doente, para o mais curto de cabeça, para o pobre aleijado...
   "— Senhora! Eu sei que tu és mais Mãe que todas as mães juntas... — E como eu sou teu filho... E como sou fraco, e doente... e aleijado... e feio..." (São Josemaria Escrivá, *Forja,* n. 234).

XXV. "EIS AÍ TUA MÃE!"

Depois de ter dirigido a palavra a Maria, para lhe confiar os homens como filhos incontáveis, Jesus dirigiu-se ao discípulo amado: "Eis aí tua mãe" (Jo 19, 27), disse-lhe.

Não bastava que Maria tivesse recebido a missão de nos considerar seus filhos; era preciso que nós também recebêssemos a missão de respeitá-la e amá-la como mãe. Na realidade, Cristo confiou-a ao discípulo amado para que ele a cercasse de toda a afeição de que era capaz. Portanto, foi com esse propósito que o entregou a cada um de nós.

O discípulo amado responde sem nenhuma demora ao desejo do Mestre: "A partir daquela hora — diz-nos o Evangelho —, o discípulo levou-a para sua casa" (Jo 19, 27). Isso queria dizer que, de então em diante, Maria permaneceria naquela casa como na sua própria. Esse acolhimento era a expressão de outro, muito mais profundo: o do coração do Apóstolo. Ao instalá-la na sua casa, admitia-a na sua vida como a sua mais cara afeição. Seria pelo nome de mãe que a chamaria, com um amor filial que o faria feliz de poder participar do seu convívio. Permaneceria ao lado dEla como outrora estivera ao lado de Jesus.

Durante esses anos de grande intimidade, o discípulo amado aprendeu a conhecer Maria. Antes, conhecia-a pouco e não podia imaginar toda a beleza da sua alma. Começou a descobri-la a partir do momento em que a levou para sua casa. Foi para ele uma secreta surpresa vê-la na vida cotidiana, ocupada com simplicidade nos afazeres domésticos, com ordem, com paz e, sobretudo, na amorosa lembrança do seu filho que não podia deixar de evocar a todo o momento. Compreendeu como a trivialidade do cotidiano pode estar repassada de uma caridade perfeita e de tanto amor de Deus.

E ao conhecê-la mais profundamente, compreendeu cada vez melhor o próprio Jesus. Viu mais de perto não só a semelhança das feições, mas tantos gestos, virtudes e ensinamentos que deviam ter tido a sua raiz humana nos anos de Jesus com Maria em Nazaré. De onde terão vindo ao Senhor as imagens da levedura na elaboração do pão, do cuidado com que se deve remendar um pano, da humildade de servir e não deixar-se servir, e tantas coisas mais? Quando o Apóstolo foi compondo o perfil de Maria e familiarizando-se com os seus gestos e atitudes, certamente recebeu novas luzes sobre os ensinamentos do Mestre. Era Jesus que transparecia através dEla.

Mas principalmente aprendeu de Maria a fechar-se no quarto para orar ao Pai em segredo, a ter uma vida que fugia do espetáculo, a silenciar os dons de Deus e a descobrir sem pressas a condição de Enviado do Altíssimo de Jesus.

Essa é a descoberta que também nós somos convidados a fazer ao aprofundarmos no relacionamento com Maria. Ela vive para o seu filho, numa respeitosa familiaridade, e nEla temos que descobrir o rosto de Jesus, Deus acessível e próximo. Entregando-nos a Ela, o Salvador convida-nos a descobri-lo a Ele.

XXV. "EIS AÍ TUA MÃE!"

Tantos cristãos teriam mais devoção por Ela se a conhecessem melhor, como veículo e amável "atalho" para chegarmos à imitação de Cristo e à união com Ele! Maria não deve ser apenas objeto de elucubrações teológicas ou, em sentido contrário, fonte de uma piedade adocicada. É para chegarmos por meio dEla a esse Cristo que Ela nos deu numa vida de fé e esperança heroicas.

Esse caminho seguro pode, sem dúvida, ser percorrido por meio da leitura e da meditação, pelas práticas de piedade. Mas o requisito prévio, concomitante e subsequente só pode ser trilhado como Ela o fez: guardando as coisas no coração. Porque afinal o que Deus nos pede é como diz a conhecida frase: "A Deus, adora-se; aos santos, venera-se; a Maria... ama-se".

A intimidade que São João manteve com Maria em casa foi, de certo modo, urna oração contínua. Ao contemplá-la, o Apóstolo penetrava sempre mais nos mistérios de Deus. Falando com Ela, não podia deixar de lembrar-se, de certa maneira, das conversas que tivera com o Mestre, em colóquio com Aquele de quem se sabia particularmente amado. Prestando atenção à sua presença, penetrava mais na presença divina

Se Cristo confiou a sua Mãe a cada um de nós, foi para que a levemos para nossa casa, para que viva em cada um de nós, em cada lar cristão, em cada casa. Temos necessidade da sua presença.

Como mãe onipotente e cheia de amor, Maria ficará conosco para difundir a paz, a mansidão, a harmonia, e atrair as almas para Cristo. Que cada família seja

GRATIA PLENA

para Ela um pequeno reino, onde possa realmente sentir-se em casa, recebendo a afeição de todos!

Gostaríamos de ter com Ela essa mesma intimidade de Jesus e de João. Aprendemos na infância certas orações — no começo, uma simples Ave-Maria, depois uma dezena do terço ou uma flor deposita-da aos pés da sua imagem, que não deve faltar em casa alguma. Mas debaixo dessas fórmulas e desses gestos deve haver o fervor de uma alma encantada de se colocar constantemente na presença de Maria, para que nos introduza melhor na presença divina. E fora dos momentos de oração propriamente ditos, aspiramos a adquirir uma atitude fundamental de ativa proximidade e de absoluta confiança que nos faça espontaneamente pensar nEla em todas as circunstâncias, a fim de elevarmos mais facilmente o nosso olhar para o próprio Deus.

Queremos trilhar, Maria, esse caminho da confiança em ti. Somos tão pouca coisa, pequenas criaturas; a confiança, porém, dá-nos uma segurança que não teríamos se nos apoiássemos em nós mesmos. Queremos ter para com Maria uma atitude de filial abandono, para que a procuremos *instintivamente* nas nossas dificuldades e angústias. Assim fazendo, estamos persuadidos de que, colocar a nossa confiança em Maria é depositá-la em Cristo e em Deus, e do modo que mais particularmente lhes agrada.

Teremos essa atitude espontânea mesmo se nos sentirmos indignos de lhe pedir algum favor, a Ela que é tão pura e tão santa. Já que é nossa mãe, podemos sem temor confiar-lhe toda a nossa miséria íntima. Os pecadores continuam a ter acesso ao seu

XXV. "EIS AÍ TUA MÃE!"

coração materno e Ela não rejeita nenhum pedido dirigido à sua bondade. Por maiores que sejam as nossas faltas, podemos dirigir-nos a Ela certos de ser socorridos. Foste especialmente estabelecida como mãe para ajudar os que têm mais necessidade. Nada, pois, pode impedir as nossas relações de filial intimidade com Maria.

Testemunhando-lhe essa confiança, corresponderemos à vontade de Cristo na cruz. Ao dar-nos a sua própria mãe, o Salvador queria dizer-nos: "Amai a minha mãe como eu a amei". Ele deseja que a tratemos com o respeito, a veneração e a afeição que Ele lhe dedicou. Esse desejo, expresso do alto da cruz, deve ser cuidadosamente acolhido por todos nós. Não saberíamos agradar mais intensamente a Jesus do que honrando e amando Maria. O principal motivo de a amarmos é que queremos amar Cristo o mais perfeitamente possível.

XXVI. ENCONTRO COM CRISTO TRIUNFANTE

O Evangelho não nos falou de uma aparição de Cristo ressuscitado à sua mãe. No entanto, o Evangelho permite-nos deduzir que, desde muito cedo, na manhã da Ressurreição, Maria teve conhecimento do que se passara, porque não a nomeia entre as mulheres que se dirigem ao sepulcro para acabar de embalsamar o corpo de Jesus (Mt 28, 1; Mc 16, 1). Se não estava entre as primeiras visitantes ao sepulcro onde o seu filho fora depositado, é que sabia ser desnecessário acabar de embalsamar Jesus, se Ela já o tinha visto ressuscitado.

Várias razões concorrem para pensarmos assim. Se Cristo apareceu em primeiro lugar às pessoas que lhe tinham permanecido mais fiéis no momento da Paixão, era a Maria que, antes de mais ninguém, devia aparecer na glória de ressuscitado.

Ela era também a pessoa mais preparada para receber o Salvador glorioso.Mesmo no momento em que teve nos braços o corpo lívido do seu filho, despregado da cruz, não deixou de crer com toda a alma que o desfecho não podia ser esse. Em várias ocasiões, Jesus anunciara que a sua morte violenta seria seguida da ressurreição. Essa profecia passara despercebida aos Apóstolos, abalados pelo anúncio prévio da morte dolorosa e cruenta do Mestre. Não foi o caso de Maria. Depois que a morte terminou

GRATIA PLENA

a sua obra, não terminaram, antes se fortaleceram nEla, a fé e a esperança de que o seu filho voltaria à vida aos três dias. Conservou o coração, não na tristeza, mas na expectativa serena do cumprimento de *todas* as palavras do seu filho.

De repente, a esperança deu lugar à realidade. Jesus estava diante dEla. Trazia as chagas nas mãos e nos pés, mas estava resplandecente. E Maria sentiu-se mais feliz do que quando vira o seu filho pela primeira vez em Belém. Num instante, todo o penoso passado se apagava e abria-se um maravilhoso futuro. Tudo se tornava claro e límpido aos seus olhos. Começava agora para Ela uma nova intimidade que transcendia a morte.

O seu coração transbordante de gozo não experimentava, porém, somente a alegria pessoal de reencontrar o filho depois da dolorosa separação. Dava-se conta da alegria universal que o Salvador trazia para todos os homens ao longo dos séculos. Era a alegria da libertação. Daí em diante, a humanidade estava salva. O bem triunfara do mal, como a vida da morte. O pecado fora vencido e Satanás perdia o domínio que exercia sobre os homens para reduzi-los à escravidão. A luz de Cristo ressuscitado fazia desaparecerem as trevas.

Maria experimentou também a bem-aventurança da paz. No momento da Anunciação, já o anjo Gabriel lhe dissera que nada devia temer. Agora, porém, qualquer perturbação ou inquietação tinha sido definitivamente vencida. Pela ressurreição de Jesus, Deus manifestava aos homens que lhes perdoava os pecados e que nascia um novo vínculo que lhes

XXVI. ENCONTRO COM CRISTO TRIUNFANTE

abria os horizontes para uma vida sem mais morte, em que todas as lágrimas lhes seriam enxugadas e passariam a possuir uma bem-aventurança eterna na paz da contemplação da Trindade.

Tudo o que Maria recebe nesse breve instante da aparição do seu filho permaneceria definitivamente nEla. A intimidade com o Salvador prolongar-se-ia sem mais obstáculo algum, já que sobrevivera à morte. A paz do Salvador não mais a abandonaria, porque a borrasca do Calvário só podia existir uma única vez, e terminara da maneira mais serena e feliz.

Maria recebeu Cristo glorioso com toda a plenitude da sua alma. Era a única em condições de recebê-lo de modo perfeito. A sua alma fora duramente preparada pela sua presença e comunhão de sentimentos no supremo sacrifício do Calvário, e por essa fidelidade, que fortificara a sua fé e esperança, ofereceu o acolhimento que Jesus esperava: em Maria, Cristo ressuscitado não precisou vencer a dúvida, nem reanimar a coragem, nem restituir a confiança. Pôde transmitir-lhe imediatamente toda a sua alegria divina.

Com esse perfeito acolhimento, a Virgem pode e quer ajudar-nos a receber Cristo glorioso com a ansiedade com que Ela o aguardou. Ele vem a nós pela comunhão: Aquele a quem recebemos sob as aparências da hóstia é o mesmo que a Virgem acolheu na aurora do dia de Páscoa. Cada comunhão é, pois, a comunhão com o Deus vivo, que nos chama a ressuscitar com Ele. É uma vida nova que se reinaugura, chamando-nos a viver de algum modo com

Jesus ressuscitado, fora das categorias do espaço e do tempo. Vivemos a vida de Cristo, não a nossa, como Maria, ajudados por Maria.

XXVII. MÃE DA COMUNIDADE CRISTÃ

No Cenáculo, onde a comunidade dos discípulos esperava a vinda do Espírito Santo, Maria também estava presente. Era uma presença discreta, como sempre; aliás, não lhe cabia exercer autoridade alguma, porque para isso Jesus designara Pedro e os Apóstolos. Estava, porém, cercada da veneração de todos; o respeito que lhe testemunhavam dirigia--se ao mesmo tempo a Jesus; não podiam deixar de associar a mãe ao filho.

E, já que Cristo a deixara entre os seus, eles, com toda a espontaneidade, consideravam-na também como mãe. Mas não tanto como mãe de cada discípulo em particular, e sim como mãe de toda a comunidade. Transferia para todos os discípulos a afeição materna que dedicara a Jesus. Desse modo, inaugurava a função que seria a sua: mãe da Igreja. Essa Igreja, por quem sofrera no Calvário as dores do parto, estava daí em diante confiada inteiramente à sua vigilância materna.

Não nos foi dado nenhum detalhe a respeito do seu papel nessa assembleia do Cenáculo. Mas certas indicações sobre a atmosfera que ali reinava deixam--nos pressentir as marcas da sua influência.

Conta São Lucas que "todos perseveravam unânimes na oração" (At 1, 14). A oração foi, pois, o que caracterizou aqueles dias de expectativa. E não nos

GRATIA PLENA

custa pensar que presença de Maria convidava particularmente a manter esse clima. Se toda a sua vida fora animada pela oração, não havia de ser menos nesses dias de recolhimento. Se as conversas com o seu filho em Nazaré, os olhares com que o acompanhava, as palavras de carinho que lhe dirigia, os serviços que lhe prestava, eram todos eles oração — que outra coisa não é orar —, como não haveria de rezar com mais ardor nas vésperas de cumprir-se a promessa que o seu filho anunciara?

A preparação para a vinda iminente do Paráclito requeria, pois, uma oração unânime e contínua. E em Maria os Apóstolos encontraram o impulso necessário para não se deixarem vencer pelo abatimento e perseverarem na expectativa da promessa divina "até serem revestidos da força do alto" (Lc 24, 49).

Orar junto com Maria foi o grande dom que os discípulos receberam para acolher o Espírito Santo. Vimos atrás que Ela é a medianeira, o aqueduto pelo qual Deus nos faz chegar as suas graças. Poderia haver maior caminho que o Espírito Santo podia escolher para preparar a vinda sobre os Apóstolos?

Se orarmos invocando Maria, teremos a certeza de que Ela nos aplainará as disposições interiores para receber a ação do Espírito Santo. Purificará as nossas más tendências, fará o sossego na nossa alma, apurará a nossa sensibilidade para prestarmos atenção aos delicados toques da Segunda Pessoa da Trindade, que é Amor e quer que lhe oremos em amor, com Maria. Quem melhor do que Ela poderá guiar-nos no caminho da oração, se foi por esse caminho que dirigiu a primeira comunidade cristã?

XXVII. MÃE DA COMUNIDADE CRISTÃ

Naquela comunidade notou-se ao mesmo tempo uma atmosfera de caridade, já que, conforme nos diz São Lucas, todos tinham um só coração (cf. At 4, 32). Era uma arrebatadora unanimidade de sentimentos, que antes não existira. Houvera entre eles surtos de disputas e rivalidades. Agora, pelo contrário, é notável a concórdia entre todos.

A primeira causa dessa mudança foi o sacrifício de Cristo; esse sacrifício fora oferecido para alcançar para os homens uma vida na unidade e na caridade. Mas entre os estímulos visíveis dessa caridade contava-se sobretudo a presença de Maria.

Perto dEla, não se envergonhariam os Apóstolos se revivessem as antigas disputas? Em Maria, tudo respirava doçura, bondade, compreensão, e essa atitude não podia deixar de ser contagiosa. Não cabe a uma mãe favorecer o mais possível a harmonia na família? Uma mãe sofre quando os seus filhos estão divididos; ama-os a todos com o mesmo amor, e ela própria se sente de certo modo dividida pelas dissensões que surgem entre os filhos. Não tem desejo mais ardente do que restabelecer a paz.

Esse é o papel que está reservado a Maria na Igreja. Hoje, como sempre, a sua preocupação é favorecer na Igreja a unidade e a caridade.

Por conseguinte, nós lhe pedimos que faça voltarem à unidade todos os cristãos que dela se afastaram. A todos os que a honram e amam, dá-lhes o desejo de se incorporarem na unidade da verdadeira Igreja e de se integrarem plenamente no único aprisco de Jesus Cristo.

Já que conhece as dificuldades que a caridade deve vencer em todas as épocas e circunstâncias, pedimos-lhe, a Ela que é a Mãe da Igreja, que continue sempre entre nós, como outrora no Cenáculo, numa presença irradiante de doçura.

A Mãe de todos cristãos possui a arte de despertar as aproximações, de aplainar as diferenças doutrinais, de apaziguar as disputas ou rivalidades, tantas vezes fruto de preconceitos ancestrais ou do amor-próprio. Que Ela nos encoraje à mais sincera simpatia mútua, à maior compreensão entre nós; que nos ensine a perdoar, a esquecer imediata e totalmente quaisquer agravos.

À sua solicitude materna confiamos, pois, a caridade, que é o sinal distintivo do cristão e deve sê-lo de todos os que a têm como Mãe. Que nos ensine a observar no trato mútuo o maior preceito do seu filho, amando-nos uns aos outros como Ele nos amou.

XXVIII. COOPERADORA DO ESPÍRITO SANTO

Como acabamos de ver, a presença de Maria no Cenáculo não teve só a finalidade de tornar mais perfeita a preparação da alma dos Apóstolos e discípulos para o acontecimento; conforme o plano de Deus, Ela devia atrair mais eficazmente o Espírito Santo sobre a comunidade cristã.

Com efeito, Maria foi a cooperadora por excelência do Espírito Santo no momento em que se operou no seu seio a conceição miraculosa. Há nisso um estupendo mistério: a colaboração de Deus e da criatura na formação da natureza humana de Jesus. Por causa dessa colaboração e do amor mútuo que ela contém, podemos chamar a Maria a Esposa do Espírito Santo. Foi o Espírito Santo que, preservando a sua virgindade, a tornou mãe.

Depois da Anunciação, os laços de união e cooperação de Maria com o Espírito Santo reforçaram-se. O Verbo encarnado era, daí em diante, a testemunha viva dessa cooperação. Jesus formava entre o Espírito Santo e Ela uma união indissolúvel. Depois de efetuado o mistério da Encarnação, o Espírito Santo inclinou-se sobre Maria com uma predileção ainda maior.

Assim o vemos no episódio da Visitação, em que o Espírito Santo se comunicou a Isabel, fazendo-a reconhecer imediatamente o vínculo que existia entre a visita da sua prima e a maravilhosa transformação que o Espírito Santo acabava de efetuar nEla. Já então se deu como que um primeiro Pentecostes, embora mais escondido e individual.

Eram sinais claros de que o Espírito Santo seguiria agora o mesmo caminho da Encarnação e da Visitação. Afinal, Pentecostes tinha por objetivo renovar esse mesmo propósito, mas em proveito da comunidade nascente: tratava-se de encarnar Cristo nessa comunidade, de propagar a sua presença e a sua influência vital. Com a cooperação de Maria, o Espírito Santo estendia o mistério da Encarnação a toda a humanidade.

Quando o vento irrompeu subitamente no Cenáculo, como sinal visível da efusão do Espírito Santo, as almas já estavam preparadas pela oração e pela conduta de Maria para receber o sopro divino que vinha apossar-se delas. Como podia Maria deixar de ver na impetuosidade do acontecimento, na plenitude que dele resultava para todos, na embriaguez experimentada, no hino de ação de graças que brotou imediatamente de todos os corações, nas manifestações repentinas de fervor apostólico, como podia Ela deixar de reconhecer em tudo isso os traços da ação dAquele que fizera nEla grande coisas" e a transformara?

Pentecostes não foi, pois, algo isolado e transitório, mas a inauguração de um novo regime: o do nascimento da Igreja. A partir desse dia, o Espírito Santo continua a vir como da primeira vez, apoiando-se no "sim" da Virgem pronunciado na Encarnação. Vem

XXVIII. COOPERADORA DO ESPÍRITO SANTO

de um modo oculto, como "alma da Igreja". A alma sustenta a vida humana sem que esta o perceba, e o mesmo se passa com a ação sobrenatural que o Espírito Santo exerce, não só individualmente, como princípio que anima todo o corpo da Igreja.

Os planos divinos nunca mudam, embora possam mudar os meios e as manifestações. Não podemos pensar que o Espírito Santo modificará, para o futuro, as condições da sua expansão nas almas. E aqui deparamos com a colaboração calada de Maria, tão ao seu gosto e estilo, como os de qualquer mãe. Ela é a cooperadora do Espírito Santo para sempre; e assim permanecerá até que a Igreja atinja a plenitude do seu desenvolvimento, até que venha o fim do mundo.

O Espírito Santo é o supremo dom de Deus. Por ele, chega até nós o amor divino: o amor preveniente do Pai, o amor redentor de Cristo. Aliás, Ele é o amor divino personificado. NEle se encontram todas as riquezas da nossa salvação: por Ele nos é comunicado tudo o que Jesus conquistou para nós, pelo seu sacrifício. É Ele quem nos comunica a vida divina. Vem habitar em nós para firmar e ampliar a nossa intimidade com Deus. E traz consigo uma multidão de dons, a sabedoria, a fortaleza, a fé, a esperança, a caridade, a alegria. Ele é para a Igreja, para os seus pastores, nomeadamente para o Papa, e para as nossas almas o maior tesouro com que a Igreja e o homem podem sonhar.

Não nos admiremos, pois, do papel da Esposa do Espírito Santo na obra da edificação da Igreja e da santificação dos que a constituem. Ela traz-nos hoje

GRATIA PLENA

necessariamente o Deus feito homem que deu à luz em Belém, por ação do Espírito Santo.

Eis por que os cristãos que se afastam dEla se separam simultaneamente do Espírito Santo. Pensam que podem entrar em contato pessoal e imediato com Ele, mas iludem-se. A lei da Encarnação e de Pentecostes subsiste: o Espírito Santo não penetra na humanidade sem a cooperação de Maria.

Queremos, pois, dar a Maria um lugar cada vez maior em nosso coração. Não se trata de mais uma devoção a acrescentar ao rol das nossas práticas de piedade. Está em jogo o meio de que Deus quis servir-se para nos dar o seu Filho, no Espírito Santo. Será que tomamos consciência disso sempre que recitamos uma Ave-Maria, ou visitamos um templo dedicado a Ela? Nessas e em tantas outras manifestações de carinho filial, tocamos um ponto central da nossa fé. E por isso queremos testemunhar a Maria os mesmos sentimentos que lhe prestou a primeira comunidade cristã reunida no Cenáculo, para que na vida da Igreja e em nós Ela continue a atrair-nos o Espírito Santo, de quem é a Esposa bem-amada.

XXIX. MÃE DOS APÓSTOLOS

A missão de Maria na terra não terminou com o Pentecostes. Jesus, tendo subido ao céu, deixou-a aqui para que, durante alguns anos ainda, prolongasse a sua presença na primeira comunidade. Durante esses poucos anos, marcados por uma intensa atividade apostólica em Jerusalém e na Palestina, Maria aparece como a mãe dos primeiros evangelizadores.

Não fazia parte da hierarquia apostólica e não lhe foi confiado o governo da Igreja. Respeitou o poder supremo que Pedro recebera de Cristo. Não obstante, precisamente por isso, a influência moral da sua presença e da sua conduta foi certamente muito mais profunda.

Maria evocava espontaneamente, aos olhos dos Apóstolos, a lembrança do Mestre ausente. Nela, aqueles que tinham conhecido Jesus e participado da sua intimidade encontravam de certo modo aquela presença que tanto os tocara nos anos da vida pública. Nas suas palavras, nos seus gestos, nos sentimentos, tudo lembrava Cristo. Jesus devia assemelhar-se muito à sua Mãe no seu perfil humano, e sobretudo nas virtudes caseiras, que é onde elas têm a contraprova da sua autenticidade.

João, o discípulo amado, que a acolhera em sua casa, saboreava mais do que qualquer outro essa presença tão parecida com a do Mestre. Mas não era

GRATIA PLENA

o único; todos os demais Apóstolos participavam dessa presença, mesmo de longe, nas suas peripécias em que nem tudo corria sem resistências.

Por sua vez, Maria experimentava mais vivamente, desde que o seu filho subira aos céus, a maternidade que recebera no alto do Calvário. Considerava-se no grato dever de cuidar dos irmãos do seu filho como se os tivesse concebido um por um: seguia-os nos seus trabalhos e, quando a procuravam, sustentava-os com o seu afeto.

Amava-os com carinho maternal, mas não somente por amor deles, mas também por amor da grande obra empreendida por Jesus na terra: via neles os continuadores da obra do seu filho. A sua afeição por Jesus expandia-se agora sempre mais na Igreja, prolongamento vivo da sua pessoa.

Compreendeu que a sua tarefa consistia mais em auxiliar o apostolado dos outros do que em exercer pessoalmente uma atividade apostólica. Esse auxílio que não a fazia protagonista, mas permanecer na sombra, foi tanto mais útil aos Apóstolos porquanto, desde muito cedo, a Igreja se chocou com uma feroz oposição. Foram tomadas medidas hostis para impedi-la de expandir-se. Em Jerusalém, a hostilidade contra os cristãos endurecia e tornava-se violenta. Multiplicavam-se as ameaças, desencadeavam-se as perseguições, reviviam-se os acontecimentos que tinham feito da vida pública de Jesus uma luta encarniçada. E foi em união com Maria, que sofrera tanto e perseverara na fé, que os Apóstolos encontraram uma firmeza inquebrantável e uma ilimitada confiança, um refúgio de paz e serenidade.

XXIX. MÁE DOS APÓSTOLOS

Não nos esqueçamos de que, naqueles primeiros tempos, às dificuldades exteriores se acrescentaram as cisões internas. Foram momentos em que surgiram vozes discordantes, rebeldes, que tiveram o seu auge no problema de saber se a mensagem de Cristo se estendia também aos pagãos, aos não circuncidados. Maria não assistiu ao Concílio de Jerusalém, o primeiro da história do cristianismo, em que estava em jogo o caráter universal ou judaizante do cristianismo. Mas certamente acompanhou as discussões que punham em grave risco a unidade dos cristãos. Como deve ter rezado para que o Espírito Santo fortalecesse a autoridade de Pedro, inspirasse as palavras certeiras de Tiago e fizesse os ouvintes silenciosos acatarem a descrição dos frutos ocasionados pela pregação e Paulo e Barnabé entre os gentios. "Fazei o que Ele vos disser", tinha Ela dito numa situação embaraçosa em Caná da Galileia. Hoje, continuamos a confiar na sua intercessão poderosa para que não demore a cumprir-se o anseio de Jesus: "Que haja um só pastor e um só rebanho" (Jo 10, 16). A oração silenciosa de Maria, a sua mansidão decalcada na do Crucificado, convida-nos hoje a afastar qualquer pensamento de ódio entre os diversos credos, qualquer recurso à violência para responder à própria violência. A mansidão de Maria mostrava-se mais forte do que quaisquer dificuldades, a sua bondade é a mais poderosa arma apostólica.

Aqueles que, nos nossos dias, se entregam à atividade apostólica continuam a gozar do auxílio materno de Maria. Ela não se interessa menos do que no passado pela expansão da Igreja. E, atraindo o Espírito Santo para o coração dos discípulos do seu Filho, contribui para animá-los de um poderoso dinamismo apostólico. É a sua presença materna que sustenta esse dinamismo. Ela está presente para oferecer um apoio aos que vacilam, para renovar o entusiasmo dos que fraquejam. As suas provisões de coragem e zelo jamais se esgotam, como também as suas provisões de sabedoria, para que se saiba encaminhar bem qualquer empreendimento apostólico.

Sabemos que se lhe dermos um grande lugar no nosso apostolado, a sua presença manifestar-se-á por resultados à margem de todos os ceticismos e negativas. E conhecemos a razão: o Espírito Santo gosta de realizar maravilhas por intermédio de Maria.

XXX. NA GLÓRIA DA ASSUNÇÃO

Quando chegou a hora da sua morte, Maria recebeu um último apelo divino. O Pai do céu chamava-a para sua casa; pedia-lhe que deixasse a terra e entrasse na mais sublime e bela vida. Pedia-lhe sobretudo que viesse reunir-se ao seu filho e partilhasse para sempre no céu da sua companhia e felicidade.

Essa chamada exigia dEla um último sacrifício. Certamente, ardia em desejos de reunir-se ao seu filho e o momento da morte seria o da reunião definitiva. Mas, por outro lado, durante o período de tempo que se seguira ao Pentecostes, afeiçoara-se à jovem comunidade cristã. Acompanhara os começos da sua expansão conquistadora, dava graças pelo seu visível progresso, e estivera intimamente ligada à Igreja. Por isso, era-lhe difícil renunciar a encorajar a luta dos Apóstolos pela difusão da causa do seu filho. Custava-lhe deixar de seguir pela oração e de fortalecer pelas suas palavras de alento aqueles batalhadores da primeira hora. Para Ela, como para cada um de nós, a morte significava uma dolorosa separação. Era-lhe preciso romper com as pessoas que amara neste mundo depois que o seu filho a deixara.

Adivinhamos a resposta que deu ao apelo divino. Foi a suprema aquiescência, o último "sim". Pela última vez, pronunciou-o plenamente e, como outrora o Salvador, entregou de boa vontade a sua alma às mãos do Pai. Nesse gesto de abandono, pôs toda a sua fé, todo o seu amor, toda a sua esperança.

Quando se fecharam, os seus olhos abriram-se para um outro mundo. Num instante, Deus apresentou-se a Ela tal qual é, de maneira resplandecente. Nesta terra, só o via através dos olhos da fé; agora, contemplava-o pela visão. Aqui na terra, tivera ocasião de ver melhor que ninguém o Filho de Deus que se tornara seu filho. Mas então só pudera ver o seu rosto humano. A sua natureza divina ficara envolta no mistério. À hora da sua morte, Cristo vem ao seu encontro e mostra-lhe o que ainda não lhe pudera revelar: a sua face divina. Foi uma dupla surpresa: a de ver de novo o seu filho e a de penetrar no íntimo da sua pessoa.

Deus também se revelou aos seus olhos deslumbrados na pessoa do Espírito Santo, com quem mantivera tão estreita intimidade durante a sua vida terrena. Acolhera-o como Esposo da sua alma, sempre solícita em seguir as suas menores indicações e desejos. Eis que essa sintonia recebia agora o seu coroamento definitivo.

Enfim, reconheceu ao mesmo tempo a pessoa do Pai, pela solicitude com que a tratara já desde antes de nascer, enchendo-a de privilégios, e depois pela solicitude da sua Providência em guiar-lhe os passos, como se faz com o filho mais querido de todos. Em Jesus, Maria discernira o reflexo da grandeza e da bondade de Deus Pai. Tudo isso lhe aparece agora numa luz maravilhosa: aí está o Pai, e tens a felicidade de encontrar imediatamente nEle tudo o que admirara em Cristo.

Porém, não se alegrou apenas de ver sem véu algum as profundezas de Deus, do Pai, do Filho e do Espírito Santo, na unidade da Trindade, mas também

XXX. NA GLÓRIA DA ASSUNÇÃO

de possuí-los. Deus dá-se inteiramente a Ela porque na terra fora a criatura humana que mais o amara e se lhe entregara. Agora possui Cristo tanto mais quanto mais toda a tua existência terrestre tivera por fim dar-lhe tudo; possui tanto mais o Espírito Santo quanto mais aqui na terra procurou viver perto dEle; possui tanto mais o Pai do céu quanto mais o venerou e adorou. Porque o seu amor e a sua doação foram perfeitos, perfeita é a sua posse de Deus, em plenitude de felicidade.

Nessa bem-aventurança que lhe foi oferecida, reconhecemos uma lei que nos é útil meditar: a felicidade da vida eterna é dada aos homens na medida em que tiverem amado a Deus. Fora desse amor, nada vale; tudo o que não está na linha do amor de Deus desaparece com a morte. Só conta a medida com que tivermos vivido e trabalhado por amor de Deus.

Para que nada faltasse a essa felicidade, Deus quis que também o corpo de Maria dela participasse. Por uma graça excepcional, transportou o seu corpo para o céu, logo depois da morte, e concedeu-lhe sem demora a ressurreição da carne que, para os outros homens, só se dará no fim do mundo. Assim, Maria reuniu-se de corpo e alma ao seu filho. Essa carne, que nEla permanecera inteiramente pura, devia ser especialmente honrada; e mais ainda porque fora santificada pela maternidade divina; devia, por conseguinte, permanecer associada à carne do Verbo Encarnado. O seu corpo devia estar ao lado do de Jesus, ressuscitado como o dEle.

Foi também em nosso favor que Deus concedeu a Maria toda a glória da Assunção. Queria que, estando

GRATIA PLENA

mais intimamente unida a Cristo no céu, pudesse continuar a sua função materna. Se a separou da primeira comunidade cristã, foi para torná-la capaz de velar ainda melhor por ela.

Na felicidade do céu, Maria pode seguir mais de perto todo o desenvolvimento da Igreja e contribuir para o seu progresso. Enquanto se encontrava na terra, não podia estar em todo o lugar ao mesmo tempo e só podia exercer uma influência direta sobre um número limitado de pessoas.

Do céu, pelo contrário, contempla a marcha da Igreja no seu conjunto e nos menores detalhes; pode ajudar individualmente cada apóstolo e cada cristão e interessar-se por todos os acontecimentos da nossa existência. Não sem razão Deus quis trazê-la para junto de si não só na alma, mas no corpo. Por mais materiais que sejam, as nossas aflições tocam o coração de carne de Maria, e Ela pode e quer compreender-nos e ajudar-nos nas necessidades tanto da alma como do corpo.

Para nós, é um conforto saber que Maria está no céu. E que lá não está voltada só para Deus, mas, em Deus, para estes filhos que deixou na terra e de quem não tira os olhos. À semelhança do Salvador, e com Ele, prepara-nos um lugar seguro. Uma mãe só pode estar plenamente feliz quando a sua felicidade é compartilhada com os filhos. Maria esforça-se a todo o instante para que não se perca para a eternidade com Ela em Deus nem um só dos seus filhos.

XXXI. RAINHA DO UNIVERSO

Jesus, filho de Maria, é nosso rei e rei do mundo. Mas como Ele associou a sua mãe a toda a sua obra, Ela tornou-se nossa Rainha e Rainha do universo.

Podemos, desde já, dar-lhe o título de Rainha da criação, porque Deus fez dEla a obra-prima das criaturas. Pela sua beleza, ultrapassa os homens e os anjos. O Criador colocou nEla todas as perfeições. Desde o primeiro instante da sua existência, o Espírito Santo estabeleceu nEla a plenitude da graça.

No céu, todos a festejam como sua rainha. E na terra, procuramos admirá-la o mais que podemos, contemplando-a de longe no seu régio esplendor.

Se é a Rainha do universo, não é apenas em consequência da sua perfeição pessoal; mas, antes de tudo, porque Cristo quis partilhar com Ela a soberania que exerce sobre a humanidade.

Assim foi desde que pronunciou o seu "sim" no momento da Anunciação. E assim continuou a ser ao longo de toda a sua vida. principalmente no sacrifício da cruz. Sofreu ao lado do seu filho, e, porque sofreu com Ele, também com Ele recolheu o fruto do sacrifício. Participou da glória de Cristo ressuscitado, que, depois de ter subido ao céu, de lá governa a sua Igreja e o mundo, e para onde quis também fazê-la subir e sentar-se junto de si, encarregando-a de velar com Ele pelos destinos da Igreja.

O seu poder de Rainha junto do Rei não é idêntico ao do seu filho. É um poder derivado da sua situação de mãe. É um poder de intercessão. Todo ele consiste na irresistível influência que a Mãe exerce sobre o coração do seu filho, que lhe foi submisso ao longo de trinta anos.

O seu poder de Rainha tem por fim assegurar os grandes objetivos do reino do seu filho. E o principal deles é obter de Jesus a unidade da Igreja e fazer que a encontrem os que dela se separaram. E vai mais longe: deseja que todos os homens de boa vontade, qualquer que seja o seu credo, descubram na Igreja Católica, Apostólica e Romana a plenitude da Revelação. Quantas vezes, Ela é a primeira a fazer sentir a atração do Evangelho e da mensagem cristã àqueles que não os conhecem. Acontece muitas vezes que é Ela quem atrai corações ainda alheios à religião cristã. Há nisso algo de notável: a sua figura seduz as almas antes mesmo que a fé em Cristo tenha penetrado nelas. Quantos muçulmanos, bastante afastados do cristianismo, têm uma terna devoção por Maria e a veneram e invocam na orfandade de uma religião desprovida do calor de um coração materno!

O poder de Maria estende-se a outras grandes intenções da Igreja. Como é grande sua preocupação de suscitar um grande número de vocações sacerdotais! Não nos diz a história que todas as reformas da Igreja, todas as novas fases da evangelização dos povos, têm por base necessária um clero santo, douto, piedoso e abnegado? Tudo o mais fica no papel. Maria vela por suscitar essas vocações autênticas, como também a história o tem mostrado.

XXXI. RAINHA DO UNIVERSO

Ao régio poder de intercessão de Maria estão igualmente confiadas as famílias cristãs. Pode Ela deixar de velar para que se reflita nessas famílias o espírito que unia a família de Nazaré? Hoje, a crise que desconcerta os lares cristãos chega ao ponto de se contestar o que seja a família. Será qualquer parceria, não importa o sexo, nem que os filhos nasçam de uma relação conjugal natural, nem que tenham direito aos desvelos do pai e da mãe? Maria ajudará os cristãos responsáveis na sua árdua luta por devolver aos homens, não só a doutrina da Igreja, mas o próprio senso-comum aos órgãos legislativos, à mídia e aos de espírito míope, desconhecedores do mal que causam com as suas veleidades que ameaçam a curto prazo o bem-comum da sociedade e dos indivíduos, em nome de uma liberdade suicida. Pedimos a Maria que nos restitua o juízo.

Entre as suas primordiais preocupações de Rainha, encontra-se a sorte dos pecadores, daqueles que arriscam a salvação da própria alma. Qual a mãe que não é intrépida quando deve proteger os seus filhos dos perigos que os ameaçam ? Maria considera, pois, seu dever empregar todos os meios para fazer os transviados recuperarem os melhores sentimentos. Para isso dedica toda a força persuasiva da sua bondade materna e não hesita em exigir do seu filho as graças extraordinárias necessárias nas situações criticas. O seu poder de Rainha é essencialmente de misericórdia.

Rainha do universo, Maria, só tens uma única aspiração: contribuir para a extensão do reino do teu Filho. Sê, portanto, sempre mais a nossa Rainha, para que Cristo seja sempre mais o nosso Rei!

GRATIA PLENA

* * *

Para concluir, uma última reflexão.

Cristo disse certa vez de forma extremamente categórica: "Se não vos fizerdes como crianças, não entrareis no reino céus" (Mt 18, 3). E a Nicodemos: "Quem não nascer de novo não pode entrar no reino dos céus" (Jo 3, 3).

Mas perguntamos: como isso se pode conseguir se já somos adultos?

A resposta dá-nos Maria: acolhendo-nos ao seu seio e ao seu regaço. Esta é a sua missão junto dos homens. Para uma mãe, por mais adultos e importantes que sejamos, somos sempre os seus "filhos pequenos", que Ela amamentou, cercou de mimos e desvelos sem conta. Quem os pode contabilizar?

Mãe de Jesus e Mãe nossa: que sempre nos deixemos cuidar por Ti, que nunca abandonemos a tua mão, sem a qual tropeçaremos. Que nos sorrias, ainda que a vida nos faça andar de cara fechada.

Faz-me ouvir a tua voz e a tua promessa, como o índio Juan Diego em Guadalupe: "Que temes, meu pequeno, o menorzinho? Não estou eu aqui, que sou a tua saúde? Não estás à minha sombra e sob o meu amparo? Não estás entre os meus braços e no meu regaço? Que temes?"

Direção geral
Renata Ferlin Sugai

Direção editorial
Hugo Langone

Produção editorial
Juliana Amato
Gabriela Haeitmann
Ronaldo Vasconcelos
Roberto Martins

Capa
Gabriela Haeitmann

Diagramação
Sérgio Ramalho

ESTE LIVRO ACABOU DE SE IMPRIMIR
A 29 DE ABRIL DE 2024,
EM PAPEL PÓLEN BOLD 90 g/m^2.